기독교 역사에 있어서 유아 세례 논쟁

배현주 지음

머 리 말

    개혁 교회 역사에 있어서 유아 세례에 대한 신학적 입장은 지속적으로 동일한 신앙 고백으로서 전수 되어 왔다. 그러나 불행하게도 현대 교회에서는 이에 대한 명확한 이해가 부족한 것 같다. 특히 개신교회의 다양한 교파 교회 현실 때문에 유아 세례는 그 통일적인 교리를 갖지 못하고 다양하게 이해 되고있는 실정이다. 그리고 그로 인하여서 교회의 치리와 권징이 무너지고 더 이상 교회가 객관적인 권징과 치리를 시행하는 기관으로서 기능을 상실하고, 모든 것을 신자 개개인의 주관적인 판단에 의존하는 경향으로 흐르게 되었다. 그러나 역사적으로 개혁 교회는 이러한 유아 세례와 그 유아 세례의 시행으로서 권징에 대하여서 통일된 교리를 가지고 있었다.

    그러므로 개혁 교회 역사에 있어서 유아 세례 논쟁을 살피는 것은 다양하게 분화화 되어버린 교파 교회 현실에서 그러한 유아 세례의 올바른 좌표를 설정할 수 있는 중요한 과제가 아니라고 할 수 없다. 이 논문이 한국 장로 교회에서 유아 세례의 신학적 입장에 대한 좋은 안내서가 되기를 바란다.

                      2004년 7월 17일

                                      韓丘   裵現柱   牧師

차 례

들어가는말 ··· 1

1. 역사적 관점에서 본 유아 세례 논쟁 ································ 3

   (1) 사도 시대 교회 ·· 6
   (2) 동방 교회 시대 ·· 8
   (3) 서방 교회 시대 ··· 10
   (4) 중세 교회 시대 ··· 11
   (5) 종교 개혁 시대 ··· 12

2. 종교 개혁 역사 안에서 발전된 유아 세례 논쟁 ················ 15

   (1) 요한 칼빈 ·· 17
   (2) 데오도레 베자 ·· 25
   (3) 존 낙스 ·· 28
   (4) 토마스 카트라이트 ··· 31
   (5) 개혁 교회 신조 ··· 33
      [1] 성례에 대하여서 ·· 34
      [2] 세례에 대하여서 ·· 36
      [3] 유아 세례에 대하여서 ··································· 40

3. 신학적 관점에서 본 유아 세례 논쟁 ······························ 43

   (1) 아브라함 언약과 유아 세례 ································· 45
      [1] 아브라함 언약의 실체 ··································· 45

[2] 은혜 언약의 통일성과 유아 세례 ·························· 53
       <1> 은혜 언약을 맺으신 주체자로서 거룩한 삼위일체 하나님 · 54
       <2> 은혜 언약의 중보자로서 그리스도 ······················ 61
       <3> 은혜 언약의 대상으로서 택자들 ························ 66
       <4> 은혜 언약의 내용으로서 "하나님이 우리와 함께 하심" · 71
  (2) 구약과 신약의 성례에 대한 은혜 언약의 경륜상의 차이점 ······ 72
    [1] 은혜 언약의 경륜상의 차이점 ······························ 73
    [2] 구약의 성례와 신약의 성례 ································ 76
  (3) 세례의 본질과 가치성 ·· 78
    [1] 은혜 언약과 세례 ·· 78
    [2] 세례의 가치성 ··· 81
  (4) 유아 세례의 본질과 그 가치성 ······························· 82
    [1] 언약의 백성 안에 주어진 유아의 의미 ···················· 82
    [2] 유아 세례의 가치성 ·· 83

맺는말 ·· 85

참고 문헌 ·· 86

들어가는 말

　기독교 역사에 있어서 유아 세례 제도는 초대 교회 시대로부터 지속적으로 일정한 제도로 정립이 되어왔다. 그러나 언제부터인가 이러한 통일적인 제도들이 사라지고 유아 세례에 대한 다양한 논쟁들이 일어나기 시작하였다. 그것은 종교 개혁 시대 재세례파로부터 시작하여서 그 이후에 개신교 내에서 여러 교파들이 발생하면서 점차적으로 초대 교회 이후부터 통일적으로 지속되어오던 유아 세례 제도가 다양한 교파 교회의 현실로 인하여서 여러 가지로 이질화 되었다.

　그러므로 유아 세례에 대한 정통 교회의 신학적 입장에 대하여서 현대 교회는 점차적으로 다른 입장으로 나아가게 되었다. 특히 재세례파의 후손들이라고 할 수 있는 침례교 파들은 유아 세례에 관하여서는 고대 정통 교회와 로마 가톨릭과 종교 개혁 시대 개혁 교회와 현대 교회의 대부분의 유아 세례를 시행하는 교파 교회와도 다른 전혀 이질적인 교회가 되었다.

　그러므로 초대 교회에 역사에 있어서 유아 세례의 논쟁을 살펴보고 종교 개혁 역사 안에서 유아 세례 논쟁이 어떠한 신학적 입장을 가지고 발전하였으며 종교 개혁 이후 개혁 교회 신조들 안에서 그러한 유아 세례 논쟁이 어떻게 교리화되었는가를 살펴보려고 한다. 그리고 유아 세례에 대한 개혁 교회의 교리적 입장을 통하여서 유아 세례론을 정리하고자 한다.

제 1 장 역사적 관점에서 본 유아 세례 논쟁

사도 시대 교회
동방 교회 시대
서방 교회 시대
중세 교회 시대
종교 개혁 시대

1. 역사적 관점에서 본 유아 세례 논쟁

유아 세례에 대하여서 그 성경적 근거를 살펴 보려고 할 때에 피할 수 없는 것은 아브라함의 언약 안에서 구약 이스라엘 백성들에게 베풀어졌던 할례이다. 할례는 아브라함과 그의 자손들 뿐만 아니라 그의 종들까지 포함하여서 태어난 지 팔일 만에 모든 남자 아이들에게 베풀었던 언약의 표징이었다.

사도 바울은 이러한 아브라함의 언약의 표징으로써 할례를 새 언약의 세례와 동일시하고 있다(로마서 2장 28-29, 3장 30절-4장 25).[1] 그래서 옛 언약의 할례의 예식이 믿음으로 주어진 옛 언약의 표징이라면(로마서 4장 11-13), 새 언약에서 그것은 세례로 전환 되어서 새 언약의 백성들에게 언약의 표징이 되었다고 하는 사실을 그는 여러 서신들을 통하여서 분명하게 증거하고 있다.(로마서 6장 4절, 갈라디아서 3장 27절, 에베소서 4장 4-5절, 골로새서 2장 12절, 히브리서 6장 2절, 8장 7절-13절)[2]

그러므로 과연 사도 시대 교회가 유아들에게 세례를 베풀었는가 하는 것을 가장 먼저 신약 성경을 통하여서 살펴봄으로써 사도 시대 교회의 유아 세

---

1) Ioannus Calvinus, **Institutio Christianae Religionis** (1559) Lib.IV cap.xvi. ver.3 :"Quoniam autem ante institutum baptismum, eius vice, populo Dei circumcisio erat,⋯⋯⋯⋯⋯⋯⋯:Ubi Dominus circumcisionem Abrahae servandam mandat, praefatur se illi et semini illius in Deum fore;⋯⋯⋯⋯⋯Habemus ergo spiritualem promissionem in circumcisione patribus editam, qualis in baptismo nobis datur;"

2) *Ibid.,* Lib.IV. cap.xvi. ver.6:"Modus confirmandi tantum diversus est, quod erat illis circumcisio, in cuius vicem baptismus nobis successit.'

례가 후대에 어떻게 발전되어서 종교 개혁 시기에까지 이르렀는가 하는 것을 살펴보려고 한다.

(1) 사도 시대 교회의 유아 세례

그리스도께서 유아 세례를 베푸셨다고 하는 기록이 복음서에는 보이지 않고 있다. 그러나 다만 예수께서 유아들에게 안수하시고 축복 기도를 하신 내용은 복음서에서 보이고 있다. 마태복음 19장 13절-15절에서 예수께서 유아들에게 축복하시고 안수하시는 내용이 기록되어있다.

'때에 사람들이 예수의 안수하고 기도하심을 바라고 어린아이들을 데리고 오매 제자들이 꾸짖거늘 예수께서 가라사대 어린아이들을 용납하고 내게 오는 것을 금하지 말라 천국이 이런 자의 것이니라 하시고 저희 위에 안수하시고 거기서 떠나시니라' (Τότε προσηνέχθησαν αὐτῷ παιδία ἵνα τὰς χεῖρας ἐπιθῇ αὐτοῖς καὶ προσεύξηται οἱ δὲ μαθηταὶ ἐπετίμησαν αὐτοῖς ὁ δὲ Ἰησοῦς εἶπεν ἄφετε τὰ παιδία καὶ μὴ κωλύετε αὐτὰ ἐλθεῖν πρός με, τῶν γὰρ τοιούτων ἐστὶν ἡ βασιλεία τῶν οὐρανῶν καὶ ἐπιθεὶς τὰς χεῖρας αὐτοῖς ἐπορεύθη ἐκεῖθεν)

마가복음 10장 16절에서는 다음과 같이 기록하고 있다.

'그 어린아이들을 안고 저희 위에 안수하시고 축복하시니라' (καὶ ἐν αγκαλισάμενος αὐτὰ κατευλόγει τιθεὶς τὰς χεῖρας ἐπ' αὐτα.)

이러한 주님의 행위는 새 언약의 유아에 대하여서 교회가 어떻게 다스릴 것인가 하는 것이 어느 정도 드러난다. 어떤 형태이건 새 언약의 유아들이 세례 의식으로부터 배제되지 않을 것을 의미하는 것이다.[3]

사도행전에 보면 16장 15절에서 사도 바울이 빌립보에 이르러 전도 할 때에 그 때에 안식일 날 성문 밖에 강가에 나가 모인 여자들에게 설교를 하게 되었다. 그때에 두아디라 성의 자주 장사 루디아라는 여자가 바울의 설교를 듣고 그 마음을 열어 그리스도를 영접하기에 이른다. 그래서 그와 그의 집이 모두 세례를 받게 된다.4) 희랍어 성경에서 '그녀의 집'(ὁ οἶκος αὐτῆς)이라고 할 때에 그것은 그녀의 직계 가족을 의미할 수 있다. 그녀에게 속한 모든 권속들을 의미한다. 그렇다고 하면 그녀에게 속한 여자 아이나 혹은 유아들까지 포괄하고 있는 것으로 추정할 수 있다. 다만 그녀에게 속한 권속들 중에서 유아들이 있었는가 하는 것이 알 수 없는 사실로 남아있다. 그러나 그녀에게 속한 권속들 모두가 세례를 받은 것으로 볼 수 있다고 하는 사실을 통하여서 유아 세례를 유추할 수 있다는 것이다.5)

사도행전의 다른 구절에서도 온 가족이 세례를 받은 내용이 소개되고 있다. 사도행전 16장 33절에서 보면 사도 바울과 실라가 빌립보 감옥에 갇혀 있을 때에 그들이 기도하며 하나님을 찬미 할 때에 옥 터가 무너지고 옥문이 열리면서 사도 바울과 실라가 매인 것이 다 벗어지게 되었다. 그때에 간수가 자다가 깨어서 옥문이 열려있는 것으로 보고 죄수들이 도망한 줄 생각하고 검을 빼어 자결하려고 하였다. 그때에 바울이 소리를 질러서 그로 그의 몸을 상해하지 못하게 한다. 그리고 그 간수들이 무서워 떨며 바울과 실라 앞에

---

3) *Ibid.*, Lib.IV. cap.xvi. ver.7:"Ac postea voluntatem suam opere testatur, dum ipsos amplexus, precatione benedictioneque sua patri commendat. Si adduci Christo infantes aequum est, cur non et ad baptismum recipi, symbolum nostrae cum Christo communionis ac soietatis?"

4) '저와 그 집이 다 세례를 받고 우리에게 청하여 가로되 만일 나를 주 믿는 자로 알거든 내 집에 들어와 유하라 하고 강권하여 있게 하니라'(행 16:15)

5) Ioannus Calvinus, Inst(1559) Lib.IV. cap. xvi. ver. 8.:'Quod et in baptismo obervamus. Siquidem ubi animadvertimus quem in finem institutus fuerit, evidentuer conspicimus, et infantibus non minus competere quam natu grandioribus. Eo itaque privari nequeunt quin Dei autoris voluntati fraus manifesta fiat. …………Siquidem nullus est scriptor tam vetustus qui non eius originem ad apotolorum saeculum pro certo referat.'

부복을 하게 되었다.

그때에 그들이 사도 바울에게 이르기를 어떻게 하여야 구원을 받을 수 있 겠는가라고 묻고 이에 대하여서 사도 바울이 권면하기를 주 예수를 믿으라 그러면 너와 네 집이 구원을 얻을 것이라고 하였다. 그러자 밤 그 시에 간수가 저희를 데려다가 그 맞는 자리를 깨끗하게 하고 그 권속으로 세례를 받게 하였다.6) 이때 희랍어 성경은 '자기와 그 권속이 다 세례를 받았다.' (κα ὶ ἐβαπτίσθη αὐτὸς καὶ ἁ αὐτοῦ πάντες παραχρῆμα)라고 되어있다. 이 희랍어 성경을 직역하면 '그리고 그가 세례를 받았다. 그리고 즉시 그에게 속한 모든 자들이 세례를 받았다.' 라고 되어있다. 이 본문은 앞 구절 보다 더욱 정확하게 '그에게 속한 모든 자' (οἱ αὐτοῦ πάντες)라고 하여서 그 대상이 누구인지를 명확하게 한정하고 있다. 그러므로 그에게 속한 모든자' 라는 것은 결국 그의 가족 중에 있을 유아를 포함하는 것을 의미한다. 그러므로 이 때에 사도 바울은 유아 세례를 주었을 것으로 볼 수 있다.

이러한 신약 성경의 여러 정황으로 보았을 때에 사도 시대에 교회가 유아 세례를 베풀었을 것으로 보는 것이 더욱 타당하다.7) 그 이후 교회시대에서도 유아 세례는 확립되어 있었다.

(2) 동방 교회 시대 교회의 유아 세례

동방 교회란 사도 시대 교회로부터 서방 라틴 교회가 본격적으로 시작되기 이전의 교회를 의미한다. 동방 교회에서 유아 세례가 있었다는 것은 이례

---

6) '밤 그 시에 간수가 저희를 데려다가 그 맞은 자리를 씻기고 자기와 그 권속이 다 세례를 받은 후'(사도행전 16장 33절)

7) Steven Marshall, **A Defence of Infant-Baptism: in Ansewr to two Treatises, and an Appendix to them concerning it**; Lately published by Mr. Io, Tombes. London, 1646. p. 17.:"Then you tell us Origen call Infant-baptizing an Apostolical tradition, accoring to the observance of the Church."

네우스의 저작을 통하여서도 알 수 있다. 이레네우스는 그의 저작에서 '그리스도께서 그와 함께 중생된 모든 사람들 즉 유아와 아이들과 어린이들을 포함한 자들을 구원하시고자 오셨다' (Christus venit salvare omnes qui per eum renascuntur, infantes & parvulos & pueros,&)라고 하여서 유아 세례가 동방 교회에서 시행되었다고 하는 것을 시시하고 있다.8)

고대 교회에서 '중생된 모든 사람들' (omnes qui renascuntur)이란 세례를 받은 자를 의미한다. 특히 '그와 함께' (per eum)라고 했을 때 그것은 바로 그리스도를 의미한다. 그러므로 '그리스도와 함께 세례를 받은 모든 사람들 즉 유아와 아이들과 어린이들' (omnes qui per eum renascuntur, infantes & parvulos & pueros,&)은 구원을 받을 것이라는 것이다.

순교자 져스틴은 세례에 대하여서 언급하고 있다. '그는 물이 있는 것으로 데려가졌고, 우리가 중생한 동일한 방식으로 중생하였다.' (He is brought to the place where the water is, and is regenerated in the same maner wherein wee were regenerated).9) 순교자 져스틴은 세례를 '신적 중생의 신적 표징' (Divines signes of the divine generation)이라고 하였다.10) 또한 그는 '60-70세의 많은 남자들과 여자들이 어린 아이 때로부터 그리스도의 제자들이었다.' ($οι$ $εκ$ $παιδων$ $εμαθητευθησαν$ $τω$ $Χριστω$)라고 말하였다. 이때에 '제자가 되었다.' ($εμαθητευθησαν$)라고 하는 수동태의 어형은 '그리스도인이 되었다' 고 하는 의미이다. 그런데 그것은 세례를 포함하여서 그러하다는 것이다.11) 그러므로 그는 그가 살고 있었던 시대에 유아 세례가 일반적으로 교회에 준수되었다고 말한 바 있다.12)

---

8) *Ibid.,* p. 12.

9) *Ibid.,* p. 12: '$ετιτα$ $αγορται$ $υω$ $ημων$ $ενθα$ $υδωρ$ $εσι$ $χιτεπω$ $ωναγενητεως$ $ο$ $υ$ $κινμεις$ $αυτοι$ $μνεγενηθημεν$ $αναγεινωνται$ $επ$ $ονοματι$ $τι$ $πως$'

10) *Ibid.,* p. 17.

11) Joacim Jeremias, **Infant Baptism in the first four Centuries**, SCM Press Ltd, 1958., p. 72.

주후 3세기경의 동방 교부 오리겐은 유아 세례가 사도적 전통이라고 하였다.13) 후기 동방 교회 신학자였던 나지안주스 그레고리는(Gregory Nazianzen) 세례를 '내가 참여하는 생명의 표징에 대한 울림이다' 14)라고 하였다.

(3) 서방 교회 시대 교회의 유아 세례

서방 교회라고 하는 것은 동방 교회로부터 점차적으로 갈라져 나온 교회를 의미한다. 본래는 동방 교회가 초대 교회의 중심지였다. 예루살렘과, 안디옥 알렉산드리아 등 대부분의 교구들이 초대 교회 초창기에는 동방 교회에 있었다.15) 그러나 후대로 가면서 점차적으로 동방 교회는 오스만 투르크의 모슬람 세력에 의하여서 그 세력을 잃어가고 서유럽 지역의 서방 라틴 교회가 발전하기 시작한다. 동방 교회는 계속적인 쇠퇴를 통하여서 동방 정교회로 발전하였고 서방 교회는 점차적으로 쇠퇴하여서 로마 가톨릭으로 발전하였다. 그러므로 로마 가톨릭의 모체라고 할 수 있는 서방 라틴 교회는 주로 라틴어를 사용하는 지역권을 의미한다. 로마 교구를 중심으로 서유럽이 그러하다.

서방 교회 즉 라틴 교회의 중요한 교부들은 터툴리안과 키프리안 그리고 앰브로시우스와 어거스틴 등이 있다. 유아 세례에 대한 라틴 교부들의 입장은 약간씩 차이가 있었다. 라틴 교부 중에서 최초의 인물이라고 할 수 있는 터툴리안은 유아 세례에 대하여서 부정적이었다.16) 그는 유아들에게 세례를

---

12) Steven Marshall, p. 18.

13) *Ibid.,* p. 18.

14) *Ibid.,* p. 18.:'signae ulum vite cur sum ineunitibus:'

15) J.D. Douglas, **The New International Dictionary of the Christian Church,** Paternoster Press. 1974, p. 323.

16) William Cunningham, **Historical Theology.vol.1,** Banner of truth, 1994, p.

주는 것을 경계하라고 말하면서 세례를 받을 연령이 될 때까지 세례를 미루
어 두는 것이 세례 받은 유아를 교육할 부모들과 그 유아에게 짐을 덜어주는
것으로 생각하였다. 이러한 터툴리안의 생각은 유아 세례를 신앙의 표징으로
생각한 것이었다.17) 그러므로 그 당시 세례의 엄격한 기준과 입교의 정당한
절차가 시행되었다고 하는 것을 알 수 있다. 다만 세례가 가지고 있는 은혜
언약의 표징으로서 구약의 할례와의 동질성에 대하여서 터툴리안이 몰랐거나
혹은 세례에 대하여서 그와 같은 해석을 하지 못하고 달리 해석한 것 같다.
그러나 터툴리안의 이러한 유아 세례에 대한 반론은 결국 그 당시 교회에 유
아 세례가 보편적으로 베풀어지고 있었다는 것을 반증한 것이 된다. 그러므
로 터툴리안이 살던 주후 3세기에 이미 유아 세례는 거의 모든 교회에 보편
적으로 시행되던 제도였다고 하는 사실을 그의 저술을 통하여서 알 수 있다.

(4) 중세 교회 시대의 교회의 유아 세례

중세 시대가 언제부터 인가 하는것에 대한 기준을 정하는 것은 어려운 일
이다.18) 그러나 대체로 그 최초의 시기는 교황 그레고리우스 1세가 즉위하
였던 주후 7세기 이후로 볼 수 있다. 본격적인 중세 시대는 교황권이 최고조
에 이르는 주후 1000년경으로 볼 수 있다. 그러므로 주후 1096년 이후에 동
방 비잔틴 제국을 이슬람 이교도의 침략으로부터 보존하고자 십자군 운동을
일으키는 시기가 바로 중세의 전성기 시대라고 할 수 있다.19)

이 시대에 로마 가톨릭 교회에서 유아 세례는 여러 문헌을 통하여서 당연
시 되고 있는 것이 현실이다. 종교 개혁 시기에 반동 종교 개혁의 일환으로
정리된 트렌트 공의회의 신조를 통하여서 볼 때 중세 시대에 유아 세례는 로

154.

17) Joacim Jeremias, p. 82.

18) 김영재, 기독교 교회사, 도서출판이레서원, 2999. p. 204.

19) *Ibid.*, p. .287.

마 가톨릭의 종교로 개종하는 모든 이방인들과 그 자손들이 세례를 받은 것으로 되어있다.20) 로마 가톨릭은 가시적 교회를 완전한 것으로 보았기 때문에 세례는 구원에 필수적인 것으로 보았다.21) 그래서 세례를 받기만 하면 구원을 받는 것으로 이해하여서 유아 세례는 곧 유아들의 구원을 의미하는 것이 되었다.22)

그러나 이러한 로마 가톨릭의 교리는 초대 교회와 동방 교회 서방 라틴 교회들의 정통 교리와 다소 다르다. 정통적인 교리는 유아 세례를 구원과 일치시키지는 않는다. 다만 교회의 회중 안으로 들어온 기독교도 자녀들의 신앙의 표징으로서 부모에게 위탁 교육을 시키는 그러한 차원에서 유아 세례가 시행되었다. 그러므로 유아 세례는 구원의 표징이 아니라 가시적 교회의 회원 됨의 표징이었다. 그러나 어찌되었건 중세 시대에 유아 세례가 있었다는 것은 자명한 일이다. 중세 시대의 유아 세례는 그 의미가 정통 신학으로부터 이탈된 것 이외에는 고대 교회와 차이점이 없다.

(5) 종교 개혁 시대 교회의 유아 세례

종교 개혁 시대는 중세 시대 상실해 버린 유아 세례의 참된 의미를 드러낸 시기이기도 하다. 그러나 종교 개혁 시대에서도 가톨릭에 반대하는 일부

---

20) Philip Schaff, The Creeds of Christendom. vol.2:The Greek and Latin Creeds, Baker Book House, 1983. p. 124.:'Canon xiii.-Si quis dixerit, parvulos, eo quod actum credendinon habent, suscepto baptismo inter fideles computandos non esse.······: anathema sit.'

21) Ibid., p. 123:'Canon.v. -Si quis dixerit, baptismum liberum esse, hoc est, non necessaricum ad saluten: anathema sit.'

22) Ibid., p. 125.'Canon xiv- Si quis dixerit, hujusmodi parvulos baptizatos, cum adoleverint, interrogandos esse, an ratum habere velint, quod patrini eorum nomine, dum baptizarentur, polliciti sunt; et, ubi se nolle responderint, suo esse arbitrio relinquendos; nec alia interim poena ad Christianam vitam cogendos, nisi ut ab Eucharistiae aliorumque sacramentorum perceptione arceantur, donec resipiscant: anathema sit.'

섹트들이 유아 세례를 거부하였다. 그 대표적인 섹트가 바로 재세례파들이다.23) 이들은 세례를 구원의 표징으로 보고 신앙이 있는지 불확실한 유아들에게 세례를 베푸는 것은 옳지 못하다고 생각하였다.24) 그러므로 그들은 신앙의 고백을 확실하게 가지고 있는 성인 남녀에게만 세례를 주는 것이 합당하다고 생각하였다.25)

그러나 이러한 몇 몇 섹트들 이외에 대부분의 개혁주의자들은 루터 교회를 포함하여서 유아 세례를 인정하였다. 쮜리히의 울드리히 쯔빙글리와 제네바의 요한 칼빈 그리고 독일의 마틴 루터도26) 유아 세례에 대하여서 전적으로 일치된 견해를 가지고 있었다.

그리고 그 후에 개혁 교회 역사에 있어서 대륙의 개혁주의자라고 할 수 있는 데오도레 베자와 스코틀랜드 개혁주의자인 존 낙스에 의하여서 그러한 유아 세례에 대한 신학적 입장들이 그대로 전수되어서 화란과 스위스의 개혁 교회 전통이 되었고, 영국과 스코틀랜드 장로교회의 전통이 되었다.27)

---

23) J.D. Douglas, **The New International Dictionary of the Christian Church**, Regency, 1974, p. 38.

24) *Ibid.,* p. 38.

25) Philip Schaff, **The Creeds of Christendom. vol.3.:The Evangelical Prostant Creeds,** p. 174.:"Fomula Concordiae(A.D.1576).Art.XII. ver.5. Quod infantes baptizandi non sint, donec usum rationis consequantur, et fidem suam ipsi profiteri possint."

26) Ibid., p.174:'Fomula Concordiae(A.D.1576).Art.XII. ver.6. Quod Christianorum liberi eam ob causam, quia parentibus Christianis et fidelibus orti sunt (etiam praeter et ante susceptum baptismum), revera sancti, et in filiorum Dei numero sint habendi. Qui de causa etiam neque Poedobaptismum magnifaciunt, neque id operam dant, ut infantes baptizentur, quod cum expressis verbis promissionis divinae (Gen. xvii. 7 sqq) pugnat: ea enim tantum ad eos pertinet, qui foedus Dei observant, illudque non contemnunt.'

27) Westminster Confession of Faith (1647). cap.xx.:'4.Not only those that

do actually profess faith in and obedience unto Christ, but also the infants of one, or both, believing parents, are to be baptized.'

2. 종교 개혁 역사 안에서 발견된 유아 세례 논쟁

요한 칼빈의 유아 세례 논쟁
데오도레 베자
존 낙스의 유아 세례 논쟁
토마스 카트라이트의 유아 세례 논쟁
개혁 교회 신조 안에서 유아 세례의 논쟁

2. 종교 개혁 역사 안에서 발전된 유아 세례 논쟁

(1) 요한 칼빈

 요한 칼빈의 유아 세례 논쟁에 대한 중요한 기초가 되는 교리는 신구약 언약의 통일성이다. 요한 칼빈은 신구약 언약의 통일성에 기초하여 유아 세례의 타당성을 논증하고 있다. 그러므로 요한 칼빈은 유아 세례의 정당성을 구약 교회의 할례로부터 찾는다. 구약의 할례에서 어린아이가 난지 팔일 만에 할례를 받은 것을 요한 칼빈은 아브라함의 약속의 자녀들에게 주어진 언약의 표징이라고 진술하고 있다.28)

 그리고 나서 요한 칼빈은 그러한 은혜 언약의 표징으로써 구약 할례는 새 언약의 교회에게 세례로 주어졌다고 증거하고 있다.29) 그리고 그러한 세례는 새 언약의 교회에 들어오는 성인 남녀뿐만 아니라 유아들까지 포함 되는 것이라고 말하고 있다.

 요한 칼빈의 유아 세례 논쟁에 대한 이러한 기술 방식은 구약을 인용하고 그리고 그 구약 언약의 특성을 언급하면서 그것이 새 언약의 교회와 어떤 관계를 가지며 새 언약의 교회에서는 구약의 언약의 표징과 같은 것이 무엇인

---

28) Ioannus Calvinus, **Inst** (1559) Lib.IV. cap.xvi. ver.3: 'Quoniam autem ante institutum baptismum, eus vice, populo Dei circumcisio erat,quid inter se differant, et qua similitudine conveniant haec duo signa, inspiciamus: unde pateat quae sit alterius ad alterum anagoge. Ubi Dominus 'ed.Ubi Dominus circumcisionem Abrahae servandam mandat, praefatur se illi et semini illius in Deum fore;'

29) *Ibid.*, Lib.IV. cap.xvi. ver.3:'Habemus ergo spiritualem promissionem in circumcisione patribus editam, qualis in baptismo nobis dautr;'

가 하는 것을 진술하는 그러한 형태로 되어있다.

　요한 칼빈은 기독교 강요 4권 16장 1절에서 유아 세례를 공격하는 자들의 부당성에 대하여서 진술하고 있다. 요한 칼빈은 1절에서 그 당시 종교 개혁자들과 혼동이 되게 교회 개혁을 부르짖었던 재세례파의 유아 세례 문제 대한 태도를 다음과 같이 표현하고 있다.

　'그러므로 또한 이러한 때에 어떤 광적인 사람들이 유아 세례로 인하여서 교회 안에서 매우 소동을 일으키고 혼동케 하였다. 그리고 여전히 그들이 혼동들을 그치지를 않았다. 그러므로 나는 하는 수 없이 그들의 광태에 대하여서 부록을 첨가하게 되었다' 30)

　이 당시에 종교 개혁자들의 종교 개혁을 방해하는 혼돈의 무리들이 있었는데 그들은 바로 재세례파였다. 재세례파들은 유아 세례 뿐만 아니라 로마 가톨릭으로부터 받은 모든 세례를 거부하면서 자신들의 회중으로 들어오는 자들에게 재세례를 베풀었다. 그들의 도나투스적인 교회관에 의하여서 종교 개혁자들은 로마 가톨릭으로부터 재세례파들과 동일한 자들로 간주되어서 부당한 핍박을 받기도 하였다.31)

　그러므로 그 당시 개혁 교회는 그러한 재세례파들의 파행적 행위로 인하여서 종교 개혁 정신이 훼손될 위기에 처해 있었다. 그 만큼 재세례파들은 종교 개혁자들과 유사한 형태를 취하면서 종교 개혁의 원리들을 근본적으로 파괴하기에 이르렀다. 이러한 때에 요한 칼빈은 유아 세례의 문제에 대하여서 정통 교회가 가지고 있는 입장을 천명함으로서 재세례파들을 종교 개혁자

---

30) *Ibid.*, Lib.IV. cap.xvi. ver.1:"Quoniam autem hoc saeculo phrenetici quidam spiritus ob paedobaptismum graves excitarunt, in ecclesia turbas, nec tumultuari etiamnum desinunt, facere nequeo quin ad cohibendas eorum furias appendicem hic subiiciam.'

31) J. D. Douglas, p. 38.

들과 동일하게 취급되는 것에 대하여서 반박하였다.32)

　　기독교 강요 4권 16장 2절에서 요한 칼빈은 세례의 참된 의미가 무엇인가 하는 것을 논술하고 있다. 요한 칼빈은 '첫 번째 그것은 잘 알려진 교리이고, 모든 경건한자들이 고백하는 것이다. 즉 표징들의 참된 의미는 외적인 의식에 달려 있는 것이 아니라 약속들과 영적 신비에 달려 있다고 하는 것이 참되다. 의식들은 주님께서 그들에게 그 자체의 의식적 형상으로서 더하신 것이다' 33)라고 논증하면서 세례를 통하여서 신자들은 '우리에게 주어지는 하나님의 약속에 대하여서 그리고 그것이 지향하는 내적인 것에 대하여서' 생각해야 할 것이라고 증거하고 있다.34)

　　요한 칼빈은 세례의 본질을 세 가지로 나누어서 설명하고 있다. 첫 번째 세례는 우리의 죄가 깨끗하게 씻긴다(peccatorum purgationem)는 것을 의미하며 두 번째 세례는 우리의 육을 죽이는 것을(carnis mortificationem) 가리키며 이것은 그리스도의 죽으심에 참가함으로써 이루어지며 새로운 생명 안으로 신자로서 중생을 하고 그리고 그리스도와 참된 교제에 들어가는 것이다(quae mortis eius participatione constat, per quam in vitae novitatem regenerantur fideles, atque adeo Christi societatem). 그리고 세 번째 세례는 사람들 가운데서 신자들의 신앙에 대한 증거이다(apud homines religionis est symbolum)라고 논증하고 있다.35)

---

32) Ioannus Calvinus, **Inst (1559)**, Lib.IV. cap.xv. ver.16.

33) Ibid., Lib.IV. cap.xvi. ver.2:'Principio dogma est satis notum, et inter pios omnes confessum, rectam signorum considerationem non in externis duntaxat caeremoniis sitam esse, verum a promissione pendere potissimum, ac mysteriis spiritualibus, quibus figurandis caeremonias ipsas Dominus ordinat.'

34) Ibid., Lib.4. cap.16. ver.2.:'potius ad Dei promissiones, quae nobis illic offeruntur, et ad interiora, quae illic repraesentantur, arcana erigat.'

35) *Ibid.*, Lib.IV. cap.xvi. ver.2.

기독교 강요 4권 16장 3절에서 그는 세례와 할례의 관계에 대하여서 논술하고 있다. 요한 칼빈은 '세례가 주어지기 전에 하나님의 백성들에게는 할례가 주어졌다. 그것은 그 자체 안에서 서로 다른 것과 유사한 것이 있는 두 개의 표징으로서 만난다' 36)라고 말하고 있다. 요한 칼빈은 아브라함의 후손들에게 할례가 주어졌을 때 그것은 모세가 할례에 대하여서 합당하게 천명한 대로, 그것은 육신에 받은 할례의 진정성은 마음에 있다고 하는 논증하였다(신명기 30장 6절).37) 무엇보다 모세는 그 할례에 대하여서 '하나님의 은혜의 사역'(opus gratiae Dei)이라고 가르친다고 하는 것이다. 그러므로 신자들이 세례에서 받는 것과 같은 영적 약속을 조상들이 할례로부터 받았다고 하는 것이다.38) 요한 칼빈은 할례란 죄 사함과 육신을 죽이는 것을 상징화한다고 하였다.39) 그리고 나서 그 두 가지를 그리스도께서 겸비하셨기 때문에 그리스도께서 세례의 기초가 되시는 동시에 그가 구약 할례의 기초가 되신다고 논증하고 있다.40) 그러므로 구약의 할례는 그리스도께서 이루실 구원의 은혜에 표징으로서 첨가된 것이라고 하는 것이다.41)

---

36) *Ibid.*, Lib.IV. cap.xvi. ver.3:'Quoniam autem ante institutum baptismum, eius vice, populo Dei circumcisio erat, quid inter se differant, et qua similitudine conveniant haec duo signa, inspiciamus:'

37) *Ibid.*, Lib.IV. cap.xvi. ver.3:'ubi Abrahae posteritatem in populum sibi cooptat, circumcidi oportere pronuntiat, enarans scilicet quae sit istius carnalis circumcisionis veritas.'

38) *Ibid.*, Lib.IV. cap.xvi. ver.3.:'Habemus ergo sipiritualem promissionem in circumcisione patribus editam, qualis in baptismo nobis datur;'

39) *Ibid.*, Lib.IV. cap.xvi. ver.3:'quandoquidem peccatorum remissionem et carnis mortificationem illis figuravit.'

40) *Ibid.*, Lib.IV. cap.xvi. ver.3:'Praeterea, ut fundamentum baptismi Christum esse docuimus, in quo utrumque istorum resident, ita et circumcisionis esse constat.'

41) *Ibid.*, Lib.IV. cap.xvi. ver.3:'Cui gratiae obsignandae circumcisionis signum additur.'

기독교 강요 4권 16장 4절에서 그는 구약의 할례와 새 언약의 세례의 차이란 외적인 것에 불과하다고하는 사실을 진술하고 있다.42) 그리고 그는 이러한 차이는 구약과 신약의 두 경륜의 방식의 차이라고 지적하고 있다.43)

기독교 강요 4권 16장 5절에서 유아 세례의 타당성에 대하여서 새 언약의 유아들도 언약에 참여하기 때문이라고 한다. 구약의 유아들이 약속의 표징으로서 할례를 받은 것처럼 새 언약의 유아들도 그러한 표징을 받는 것이 당연하다고 하는 것이다.44) 요한 칼빈은 새 언약의 유아들이 새 언약에 참여하는 자들이라고 하면 그들이 그러한 언약의 실체를 받은 자들로서 그 형상을 갖지 않는 것은 타당하지 않다고 하는 것이다.45) 요한 칼빈은 세례란 말씀의 부속물이며 말씀보다 낮은 것이라고 증거하면서 기독교 유아들이 하나님의 말씀을 받는 약속의 자녀들이라고 하면 그들이 그러한 표징으로서 세례를 받는 것이 당연하다고 증거하고 있다.46)

기독교 강요 4권 16장 6절에서 그는 아브라함 언약의 유효성에 대하여서 논증하면서 그 옛날 아브라함과 맺으신 약속이 유대인들에게 효과적이라면 더 더욱 새 언약의 그리스도인들에게 효과적이라고 진술하고 있다.47) 그리

---

42) *Ibid.*, Lib.IV. cap.xvi. ver.4:'Quare restat dissimilitudo, ea in caeremonia exteriore iacet, quae minima est portio;'

43) *Ibid.*, Lib.IV. cap.xvi. ver.4:'Promissio, in qua signorum virtutem consistere exposuimus, in utroque una est, nempe paterni Dei favoris, remissionis peccatorum, vitae aeternae.'

44) *Ibid.*, Lib.IV. cap.xvi. ver.5:'Quod si foedus firmum et fixum manet, Christianorum liberis non minus hodie competit, quam sub veteri testamento ad Iudaeorum infantes spectabat.'

45) *Ibid.*, Lib.IV. cap.xvi. ver.5:'Atqui si rei signatae sunt participes, cur a signo arcebuntur? si veritatem obtinent, cur a figura depellentur?'

46) *Ibid.*, Lib.IV. cap.xvi. ver.5:'Sane quum signum videamus verbo servire, subesse illi dicemus, et inferiore loco statuemus. Quum ergo ad infantes destinetur baptismi verbum, cur signum, hoc est verbi appendix, ab illis prohibebitur?'

고 구약의 할례가 새 언약에서 폐지되었다고 하면 더욱 주의 언약을 확인해야할 표징이 필수적이라고 하는 것을 증거 하면서 언약의 공통점과 차이점을 잘 생각해야할 것이라고 진술하고 있다.48) 신구약 언약은 공통되며 그 언약을 확인하는 표징도 공통적이다. 다만 그 언약을 비준하는 방식이 다르다.49) 신구약 언약의 경륜의 방식의 차이로 인하여서 구약의 백성들을 위하여서 할례가 언약의 표징으로 있었던 것처럼 새 언약의 교회를 위하여서 그것은 세례로 대체된 것이다.50)

기독교 강요 4권 16장 7절에서 그는 그리스도께서 유아들에게 행하셨던 축복 기도를 근거로 그리스도께서 유아들에 대하여서 '천국이 이러한 자들의 것이라' (τῶν γὰρ τοιούτων ἐστὶν ἡ βασιλεία τῶν οὐρανῶν, 마 19:14)고 하시면서, 그들을 축복하며 기도하셨다면, 그러한 유아들이 언약의 백성의 표징인 세례를 받는 것이 당연하다고 논증하고 있다.

'그리고 그가 그 자신이 친히 유아들을 안으시고 기도와 축복을 통하여서 아버지께 드리심으로서 그가 그의 뜻을 행동으로 확증하셨다. 만약 유아들을 그리스도에게 데려가는 것이 합당하다면, 어찌하여서 우리와 그리스도와 교통하고 연합하는 표징으로서 세례를 유아들에게 베푸는 것이 합당하지 아니한가? 만약 천국이 유아들의 것이라면, 어찌하여 천국의 상속자들로서

---

47) *Ibid.,* Lib.IV. cap.xvi. ver.6:'Siquidem evidentissimum est, quod semel cum Abrahamo Dominus foedus percussit, non minus hodie Christianis constare.'

48) *Ibid.,* Lib.IV. cap.xvi. ver.6:'Respondere enim promptumest ipsum, pro veteris testamenti tempore, circumcisionem instituisse confirmando suo foederi; ea vero abrogata, manere tamen semper eandem confirmandi rationem quam cum Iudaeis communem habemus.'

49) *Ibid.,* Lib.IV. cap.xvi. ver.6:'Foedus commune est, communis eius confirmandi causa. Modus confirmandi tantum diversus est, quod erat illis circumcisio.'

50) *Ibid.,* Lib.IV. cap.xvi. ver.6:'in cuius vicem baptismus nobis successit.'

기록되는 것으로서 교회 안으로 통하는 닫혀 있는 문을 열어주는 그 표징을 유아들에게 베푸는 것에 대하여서 거부하는가?' 51)라고 진술하고 있다.

특히 요한 칼빈은 마태복음 19장 13-15절에 대한 그의 주석에서 은혜 언약의 자손들인 신자의 아이들이 세례를 받는 것은 마땅하다고 한다.52) 세례가 중생한 성도들의 신앙의 표징이라고 할 때에 그 세례가 성도들의 신앙에 기초하는 것이 아니라 그리스도의 은혜에 기초한다는 것이다.53) 그리스도의 은혜로 성도들이 중생을 얻게 되는데 그 중생을 얻게 되는 것은 전적으로 그리스도의 공로에 기초한다는 것이다.54) 신앙이란 하나님께서 그리스도를 통하여서 신자들에게 주시는 은혜의 한 형태에 불과하다.(엡 2:8) 신앙 조차도 하나님의 은혜의 한 형태이다.55) 믿음은 하나님의 은혜의 한 형태일 뿐 하나님의 은혜를 받는 최초의 원인은 아니다. 오직 성도들이 받는 하나님의 은혜의 최초의 원인은 하나님의 자유로우시고 기뻐하신 뜻이다. 성도들이 하나

---

51) *Ibid.,* Lib.IV. cap.xvi. ver.7:'Ac postea voluntatem suam opere testatur, dum ipsos amplexus, precatione benedictioneque sua patri commendat. Si adduci Christo infantes aequum est, cur non et ad baptismum recipi, symbolum nostrae cum Christo communionis ac societatis?Si eorum est regnum coelorum, cur signum negabitur, quo velut aditus aperitur in ecclesiam,ut in eam cooptati haeredibus regni coelestis adscribantur?'

52) Ioannus Calvinus, Commentarius in Harmonia Evangelca. Matth. 19. 13-15.:'Nos contra excipimus, quum gratuitae peccatorum remissionis, simulque divinae adoptionis pignus ac figurea sit, baptismus, infantibus minime negandum esse, quos Deus adoptat, et filii sui sanguine abluit.'

53) Ioannus Calvinus, Inst(1559) Lib.IV. cap.xiv. ver.1:'Licet etiam maiore compendio aliter definire: ut vocetur divinae in nos gratiae testimonium externo signo confirmatum, cum mutua nostrae erga ipsum pietatis testificatione.'

54) Ioannus Calvinus, Commentarius in Epistolam Pauli ad Ephesios. cap.i. ver.4:'pater nos inseruit in Christi corpus'

55) *Ibid.,* cap.ii. ver.8-9:'Primum ergo salutem Ephesiorum asserit Dei unius esse opus, et quidem gratuitum,'

님의 나라의 백성이 되는 것은 하나님의 영원하신 작정에 기초 한다.56) 하나님께서 그의 영원하신 작정 안에서 그의 백성들을 택정한 것이다. 그리고 그러한 택정하시는 방식은 '창세전에 그리스도 안에서' (ἐν αὐτῷ πρὸ καταβόλης κοσμῷ)이다.(에베소서 1장 4절) 창세전에 그리스도 안에서 택정된 신자 개인들에게 주어지는 신앙이 하나님의 선물이라고 할 때에 그러한 하나님의 선물로서 신자들의 신앙이 세례의 기초가 될 수 는 없는 것이다. 비록 세례가 중생을 통하여서 신앙을 갖게 된 신자들이 가시적 교회에 가입하는 신앙의 표징으로 주어졌다고 해도 그것이 신자들의 믿음에 기초하여서 주어진 것이 아니라 전적으로 하나님의 은혜로 주어진 것이다. 그러므로 새 언약의 세례는 은혜 언약의 표징으로서 주어진 것이다.57) 그러한 은혜 언약의 표징들을 신자들의 유아들에게 베푸는 것은 무엇보다 그리스도께서 친히 '천국이 이러한 자들의 것이라' (τῶν τοιούτων ἐστὶν ἡ βασιλεία τῶν οὐρανῶν)고 하신 것을 통하여서 볼 때에 분명하다. 유아들이 하나님 나라의 상속자라면 그러한 유아들에게 세례를 베푸는 것은 당연한 것이다.58)

기독교 강요 4권 16장 8절에서 요한 칼빈은 유아 세례에 대하여서 성경에 직접적인 언급이 없다고 하여서 신약의 교회가 유아 세례를 주지 않았다고 할 수 없다고 하는 것을 '한 가족이 세례를 받았다' (ὡς δὲ ἐβαπτίσθη κ αὶ ὁ οἶκος αὐτῆς)고 하는 사실로부터 추론하고 있다. 한 가족이 세례를 받았다면 그 안에는 당연히 유아가 포함되어 있을 것으로 추정할 수 있다.59)

---

56) *Ibid.,* cap.i. ver.4:'Hic fundamentum et primam causam tam vocationis nostrae quam bonorum omnium, quae a Deo percipimus, facit aeternam eius electionem.'
57) Ioannus Calvinus, Inst(1559) Lib.IV. cap.xiv. ver.6:'Et quando Dominus promissiones suas, foedera nuncpat, sacramenta symbola foederum,……'
58) *Ibid.,* Lib.IV. cap.xvi. ver.8:'Siquidem ubi animadvertimus quem in finem institutus fuerit, evidenter conspicimus, et infantibus non minus competer quam natu grandioribus.'
59) *Ibid.,* Lib.IV. cap.xvi. ver.8:'Etsi enim id nominatim ab evangelistis non narratur, quia tamen neque rursum excluduntur illi quoties familiae

만약 그렇지 아니하면 성경에서 여자들이 주의 성찬에 참여했다는 기사가 없기 때문에 주의 성찬에 여자들을 제외시켜야 할 것이라고 해야 할 것이다(사도행전 16장 15, 32절).

그러므로 칼빈은 '유아들에게 세례를 빼앗는 것은 곧 세례를 제정하신 하나님의 뜻을 어기는 것이다' 라고 증거하고 있다.60) 그리고 요한 칼빈은 그러한 유아 세례가 사도 시대로부터 시작되었다는 것이 고대 교부들의 진술이라고 말하고 있다.61)

(2) 테오도레 베자

베자는 그의 저서 '기독교 교리와 원리' (The Grounds and Principles of Christian Religion)에서 세례에 대하여서 다음과 같이 표현하고 있다.

'세례는 새 언약의 성례이다. 그리고 그것은 그리스도께서 오신 이후로 그리스도를 예표하는 구약 아래에서 시행되었던 할례의 성격을 대치하는 것이다.' 62)

그는 본 저서에서 새 언약의 세례와 구약의 할례는 동일한 것을 시행하는 것이고 다만 표징의 형태가 다르다고 말한다. 베자는 세례가 새 언약의 성례 중에 한 가지라고 말한다. 그리고 그 세례는 기독교 교회에서 합당하게 시행

---

    alicuius baptizatae incidit mentio, quis inde, nisi insanus ratiocinetur non fuisse baptizatos?'

60) *Ibid.,* Lib.IV. cap.xvi. ver.8:'Eo itaque privari nequeunt quin Dei autoris voluntati fraus manifesta fiat.'

61) *Ibid.,* Lib.IV. cap.xvi. ver.8:'Siquidem nullus est scriptor tam vetustus qui non eius originem ad apostolorum saeculum pro ceto referat.'

62) Theodore Beza, **Propostions and Principles of Divinitie, propounded and disputed in the universitie of Geneva,** by Robert WAldegrave, Edinburge, 1591, p. 172.

해야 할 거룩하고 신비적인 규례라고 말한다. 세례의 의식적 상징은 물이다. 그리고 그 상징성이 지향하는 바는 죄를 속하시는 그리스도의 보혈이다. 그리스도의 보혈은 성도들이 그것에 의하여서 중생을 얻게 되는 영적이고 신적인 거룩한 능력이다. 그리고 그러한 그리스도의 보혈의 공로는 옛 사람을 폐지하고 새 사람을 창조하는 것이다.63)

그는 세례의 형태적 원인은 제도적인 합법적 시행에 있다고 말한다. 특별한 부분은 성부와 성자와 성령의 이름으로 세례를 베푸는 것이다. 그 방식은 물을 뿌리는 것과 물 속으로 들어가는 것이 있는데 동일한 것이다. 왜냐하면 그것은 그리 중요한 것이 아니기 때문이다. 그것은 성부와 성자와 성령의 이름 안에서 베풀어지는 것이 아니라고 하면 그 자체로서는 의미가 없기 때문이다. 세례에 있어서 물을 뿌리는 행위와 물 속으로 들어가는 행위 자체는 어떤 효력을 주지 못한다. 그러므로 그러한 것을 가지고 헛된 논쟁을 일삼는 것은 세례의 참된 가치성을 파괴하는 것이다. 세례는 하나님의 권세 아래에 있기 때문에 그의 약속을 그러한 의식을 통하여서 베푸시는 것일 뿐 그 의식 자체에 어떤 효력이 있는 것은 아니다. 그러므로 그것은 하나님께서 의도하시는 바를 세례를 통하여서 표징하시는 것에 불과한 것이다.64)

베자는 세례에 대하여서 여러 가지 부가적인 요소들을 첨가하는 로마 가톨릭의 우스꽝스러운 의식들을 비판한다. 예를 들면 견신례, 고해 성사, 종부 성사, 신품 성사, 혼인 성사등과 같은 것이다. 이러한 우스꽝스러운 의식들을 베자는 어리석은 행위로 비판하고 있다. 베자는 교회 안에서 세례를 시행할 수 있는 자들은 교회로부터 공적으로 임명된 목사들이라고 말하면서 그들은 성례의 시행과 말씀의 선포에 대한 권리를 가지고 있는 자들이라고 하였다. 그러므로 중대한 실수는 사사로이 세례를 시행하는 직무를 맡기는 것과 무엇보다 더욱 큰 오류는 여자들에게 이러한 직무를 행하도록 허락하는

---

63) *Ibid.*, p. 173.

64) *Ibid.*, p. 173.

것이다.65)

그러므로 세례의 시행에 대한 임무는 그리스도께서 세우신 사도들을 통하여서 교회에서 공적으로 가르치는 자로 임명된 목사들에게 주어진 것이다. 그러므로 세례는 합법적으로 시행되어야 하며 교회 안에서 시행되어야 한다.

이제 베자는 세례의 기초가 무엇인가 하는 것을 분명하게 언급하고 있다. '세례는 성부와 성자와 성령의 이름으로 시행되는 정당한 표징이다. 그러나 그것은 신자들의 신앙에 기초하는 것이 아니고 그와 같이 그들의 죄악으로 인하여서 더렵혀지지 않는다. 그것은 오직 하나님의 아들께서 정하신 명령에 기초한다.' 66)

베자는 말하기를 세례는 그리스도의 죽으심과 함께 우리의 옛 사람이 장사되고 새 사람을 입는 것의 표징이라고 하였다. 그러므로 세례를 통하여서 신자들은 자신들의 영적인 그리고 내적인 상태를 그리스도 안으로 접붙히는 것이다. 그러므로 세례의 합당한 목적은 이러한 엄숙하고 거룩한 시행을 통하여서 우리로 가시적 교회의 회원이 되게 하는 것이다. 그리고 이러한 세례의 시행을 통하여서 그것을 수단으로 하여 택자들은 양자됨의 전적인 확신과 그들의 마음 안에서 성령에 의한 인장을 가시적으로 확증하는 것이다. 그러므로 세례의 효과적인 원인은 성령이시다. 성령께서 적절한 때에 신자들 안에 내적으로 하나님의 약속의 말씀을 방도로 하여서 역사하셔서 외적으로 세례를 통하여서 그것을 그들의 마음 안에 확증하신다. 세례의 효과적인 기구적 원인은 성령에 의하여서 마음 안에 기록되는 신앙에 대한 외적인 표징이다. 세례에 대한 교리는 성경과 교부들의 저작물 안에서 묘사되고 있다.

---

65) *Ibid.*, p. 174.

66) *Ibid.*, p. 175:'namelie, the signe, and the right inuocation of the Father, the Son and the holy Ghost; for Baptisme doth neither depend uppon the faith, nor yet is defiled by the sinnes of him that administereth it, but is grounded onely vppon the ordinance of the Sonne of God.'

그것은 내적인 것을 지향하면서 외적인 것으로 드러내는 것이다. 그러므로 세례는 성례적 표징 외에 다른 효력이 없다. 그것은 우리 자신들의 의식적 행위나 우리의 신앙에 기초하는 것이 아니다.67)

그러므로 베자는 유아 세례에 대하여서 다음과 같이 진술하고 있다.
 '하나님의 양자됨에 대하여서, 그것이 우리의 자신에게 기초하는 것이 아니며 그리고 어떤 외적인 것에 기초하는 것이 아니고 오직 하나님의 선택에 기초한다고 할 때에, 유아 세례는 하나님의 은혜 언약의 효력에 의하여서 바로 그러한 개념 아래에서만 시행되는 것이다.68)'

그러므로 그는 유아들이 비록 그리스도의 말씀을 들음을 통하여서 실재적인 신앙을 부여받지 못하였다고 해도, 여전히 그들에 대한 세례는 합당하다. 왜냐하면 그들은 부모들의 신앙을 수단으로 하여서 영원한 생명의 언약 안에 가시적 교회의 회원으로 가입된 것으로 간주되기 때문이다.69) 신실한 신앙의 부모들에게서 태어난 아이들이 택자가 아닐 것이라고 단정할 어떤 이유도 없다. 그러므로 유아 세례는 가능하다. 그리고 이러한 모든 것을 놓고 볼 때에 유아 세례는 우리 자신으로부터 판단 될 수 있는 것이 아니라 하나님의 비밀이다. 그러므로 우리들의 판단으로 유아들의 신앙을 결정하고 세례를 신앙에 기초하는 것으로 생각하여서 유아들에 대한 세례를 거부하는 것처럼 어리석은 짓은 없다.70)

(3) 존 낙스

---

67) *Ibid.*, p. 177.

68) *Ibid.*, p. 178:'Touching infants, seeing our adoption doth not depend vpon our selues, or vpon any outward thing, but onely vpon the election of God, which began to be manifested at our very conception, by vertue of that couenant,'

69) *Ibid.*, p. 178.

70) *Ibid.*, p. 178.

존 낙스가 작성한 1561년판 스코틀랜드 신앙 고백 제 21 장 세례에 대한 고백에서 그는 세례에 대하여서 다음과 같이 진술하고 있다.

'율법 아래에 조상들이 희생의 제사에 더하여서 할례와 유월절 두 가지 성례를 가지고 있었던 것처럼 우리도 깨닫고 고백하는 대로 복음 아래에서 오직 두 개의 성례가 있음을 믿는다. 그것은 그리스도께서 친히 제정하시고 명령하신 그리스도의 몸과 피에 동참하는 것으로서 세례와 주 예수의 만찬 혹은 성찬이다.' 71)

그는 이러한 성례는 하나님으로부터 주어진 것이고 그것은 그의 백성들과 그의 백성들의 회중 안에 속하지 않은 자들 사이의 차이를 가시적으로 드러내는 것이라고 한다. 그리고 더욱 그의 백성들의 신앙을 고양(高揚)하는 것이며 동일한 성례에 참여함으로서 하나님의 약속의 확증을 그들의 마음 안에 인장(印藏)하는 것이다. 그리고 또한 그것은 택자들이 그리스도께서 자신들의 머리가 되신다는 것을 의미하는 최고로 복된 연합과 일치와 교제의 확증이라고 말한다.

---

71) David Laing, LLD, The Works of John Knox. vol. 2.: Confessione of the fayht and doctrine beleved and professed by the Protestantes of the Realme of Scotland exhibited to the estates of the fam in parliament and by thare publict botes authorited as a doctrin grounded upon the infallable wourd of God. Edinburgh, 1561 112 Bannatyne Club, 1966, p. 113:'Off the Sacramentis-cap.xxi.:As the Father under Law, besydis the veritie of the sacrifices, had two cheaf Sacramentis, to witt, Circumcisioun and the Passower, the despysaris and contemnaris whairof war not reputed for Godis people; so [do] we acknawledge and confesse theat we now, tn the tyme of the Evangell, have two Sacramentis onlie, institutit be the Lord Jesus, and commanded to be used of all those that will be reputed members of his body, to witt, Baptisme and the Supper, or Table of the Lord Jesus, called the Communioun of his body and bloode.'

그러므로 존 낙스는 구약의 성례인 할례가 구약의 백성들에게 주어진 것처럼 세례는 새롭게 된 새 언약의 교회에게 새로 제정된 신약의 성례라고 하는 것이다. 그러므로 유아들에게 세례를 베푸는 것은 언약에 의하여서 되어지는 것이다.72)

세례는 그 받는 대상 모두에게 신앙과 그에 걸 맞는 신앙 고백을 요구하는 것이 아니다. 오히려 중요한 의미는 하나님의 백성이라는 미명하에 그들에게 주어진 것이다. 그래서 예수 그리스도의 보혈 안에서 죄의 사함은 하나님의 약속에 의하여서 그들에게 주어진 것이다.73)

여기에서 낙스는 '유아들에게 세례를 베푸는 것은 언약에 의하여서 되어지는 것이다.' (our infantes apperteyne to him by covenaunt)라고 진술함으로서 세례가 '하나님의 약속' (God's promise)에 기초함을 상기하고 있다. 그는 사도 바울의 예를 들면서 '사도 바울은 성도들의 유아들은 부모의 신앙과 거룩함에 의하여서 태어난다고 하였다. 그러므로 우리 주 그리스도께서는 유아들에게 자신에게 오는 것을 금하지 말라고 하시면서 그들을 껴안으시고 축복하셨다.' 74)고 기술하고 있다.

---

72) David Laing, LLD, The Works of John Knox. vol.4.:The Forme of Prayers and Ministration of the Sacraments, &. vsed in the English Congregation at Geneua: and approued, by the famous and godly learned man, Iohn Caluyn. Edingurgh, 1855, p187.:'Whych things, as he confirmed to his people of the Olde Testament by the sacrament of Circumcision, so hath he also renewed the same to us in his New Testament by the sacrament of Baptisme; doing us therby to wyt, that our infantes apperteyne to him by covenaunt, and therfore oght not to be defrauded of those holy signes and badges wherby his children are knowen from Infidells and Pagans.'

73) Ibid., p. 187.

74) Ibid., p. 187:'Which thing is most evident by Sainct Paul, who pronounceth the children begotten and borne, either of the parents being faythful, to be cleane and holy. Also our Saviour Christ admitteth children to his presence, imbrasing and blessinge them.'

그러므로 그들이 하나님의 백성들의 일반적인 표징인 세례로부터 거부당할 이유가 없다. 이러한 규례들은 그리스도께서 예외 없이 모든 자들에게 세례를 베풀 것을 명령하신 것에 기인한다.75) 교회가 유아들을 이러한 일반적인 규례로부터 제외시키면, 그것은 그 유아들이 그리스도와 어떤 사귐도 없다고 하는 것을 의미하는 것이다.

낙스의 견해를 정리하면 세례는 신자들의 신앙에 기초하는 것이 아니라 하나님의 약속에 기초하며 그러므로 유아 세례는 정당하다. 그것은 부모들의 신앙의 고백을 따라서 하나님의 약속에 의하여서 주어지는 것이다. 이러한 은혜 언약의 관점에서 세례를 언약의 표징으로서 마땅히 모든 신자들에게 베풀어야 할 것을 진술하는 것은 개혁주의자들의 공동된 견해이다.

(4) 토마스 카트라이트

토마스 카트리아는 그의 저서 '신적 실체와 통체 혹은 기독교에 대한 논문' (A Treatise of Christian Religion. or the Whole Bodie and substance of Divinitie)에서 37장 세례에 대하여서 다룰 때에 유아 세례에 대하여서 다루고 있다.

그는 은혜 언약 아래에서 세례를 받을 자격이 분별할 나이가 된자들 이외에 다른 누구인가를 묻고 그 답변으로서 언약 안에 있고 세례를 받은 부모들의 유아들이라고 말한다.76) 그렇다면, 그 유아의 부모 모두가 언약 안에 있

---

75) *Ibid.,* p. 188.

76) Thomas Cartwright, **A Treatise of Christian Religion. or the Whole Bodie and substance of Divinitie,** London, 1616. p. 223:'Q. Who else to bee esteemed within the covenant of grace, and consequently to have atitle to Baptisme? A. The infants of those Parents that are themselves within the Covenant, and have been baptized.'

어야 하는가라고 묻고 그 답변으로서 그렇지 아니하고 부모 중에 한 사람만이라도 세례를 받은 자라면 충분하다고 답하고 있다.77)

토마스 카트라이트는 유아 세례의 대상에 대하여서 진술한 이후에 유아 세례가 어떻게 가능한가 하는 것에 대하여서 답변을 하고 있다. 그는 유아 세례의 정당성을 구약 시대 율법 아래에서 이스라엘 백성들의 유아들에게 베풀었던 할례식(circumcision)에 두고있다. 그래서 복음 아래에 유아들에게 베푸는 세례는 구약의 할례와 일치한다고 말한다.78) 그리고 그에 대한 이유로서 새 언약의 유아들은 구약의 유아들과 마찬가지로 동일한 언약아래 있기 때문이라고 말한다.79)

그러므로 토마스 카트라이트는 새 언약의 유아들의 세례를 세 가지 측면에서 연결시키고 있다. 구약의 유아들이 받은 것과 (창세기 17장 12; 골로새서 2장 11,12) 신약의 교회의 유아들이 받은 것은 동일하다고하는 것이다.80) 그리고 두 번째는 유아 세례에 대하여서 하나님의 말씀에서 특별하게 금지하거나 제한하지 않는다는 것이다. 오히려 새 언약의 세례가 구약의 할례식(circumcision)을 대체 한 것이라고 하면 유아들에게 세례를 주는 것이 타당하다고 하는 것이다.81) 그리고 세 번째 유아들이 사도들이 인도하는 예배

---

77) *Ibid.*, p. 223:'Q. Is it necessarie that both the Parents bee in the Covenant? A. No: it is sufficient, for the intitling of the child to baptisme, if either of them be.'

78) *Ibid.*, p. 223:'There is the same use of Baptisme under the Gospell, that was of Circumcision under the Law;'

79) *Ibid.*, p. 223:'the Infants of Christians are under the Covenant as well as theirs;'

80) *Ibid.*, p. 223:'Baptisme is a signe of the Covenant, as well as Circumcision:'

81) *Ibid.*, p. 223:'if therefore Infants were circumcised, and Baptisme possesse the roome of Circumcision, except there can bee shewed a speciall prohibition or restraint in Gods word, it will follow that Infants

가운데서 세례를 받았을 것으로 추정되는 신약 성경의 본문들이 여러 곳에 있다(사도행전 16장 15-18; 고린도 전서 1장 16절)고 한다.82)

토마스 카트라이트는 이러한 논증 이후에 유아 세례를 역사적 관점에서 진술하고 있다. 그는 말하기를 유아 세례는 사도 시대 이래로 보편 교회 안에서 지속적으로 시행되었다고 한다. 그러므로 그는 이러한 몇 가지 관점에서 살펴볼 때에 유아 세례의 폐지는 사도 시대 이후에 거의 대부분의 이단들 이외에는 누구에 의하여서도 지지를 받지 못하였다고 주장하고 있다.83)

이제 다음으로 토마스 카트라이트는 그렇다고 하면 유아 세례가 유아들의 구원에 절대적으로 필요한가 하는 것에 대하여서 그러한 독단은 비기독교적이고 무자비한 것이라며 근거가 전혀 없는 것이라고 주장하였다.84) 그는 은혜 언약의 참된 효력은 믿음으로 받는 것이며, 가시적 표징은 그러한 효력이 없다고 말한다. 그러므로 세례는 구원의 원인 아니고 단지 구원의 증거이고 인장이다.85)

(5) 개혁 교회 신조

---

also may be baptized.'

82) *Ibid.*, p. 223:'Further, the Apostles are said to baptize whole families, amongst which it is ordinarie, that there be some children, and there is no reason to limit the words to them that are at yeeres.'

83) *Ibid.*, p. 223:'And this use hath continued in the Church since the Apostles times, and was never gainsaid by any but those, that by the universal Church, have been iudged hereticks.'

84) *Ibid.*, p. 223:'Q. Is Baptisme absolutely necessariete the salvation of Infants?······A. Such a conceit is both unchristian, and unchritable, and without all ground,'

85) *Ibid.*, p. 224:'And seeing this Sacrament is not the cause, but a testimonie and seale onely of salvation;'

[1] 성례에 대하여서

성례에 대한 개혁 교회 신조는 일치된 견해를 가지고 있다. 벨직 신앙 고백은 '우리는 우리의 은혜로우신 하나님께서 우리의 연약함을 인하여서 우리를 위하여서 성례를 제정해 주셨다고 믿는다. 그런데 그것은 하나님의 약속을 우리에게 인장하는 것이다. 그리고 그것은 우리를 향하신 하나님의 은혜와 선하신 뜻의 보증이다.86)'

하이델베르그 신앙 고백서는 다음과 같이 진술하고 있다. '문 66: 성례가 무엇인가? 답: 성례는 하나님께서 정하신 거룩한 가시적 표징이고 인장이다. 그가 그러한 성례를 통하여서 더욱 충만하게 복음의 약속을 우리에게 인장하시고 천명하신다. ……87)'

제2 스위스 신앙 고백은 '제19장 그리스도 교회의 성례에 대하여서'(cap.xix. De Sacramentis Ecclesiae Christi)라고 하는 부분에서 다음과 같이 성례를 진술하고 있다.

'1. 하나님께서 그의 말씀의 선포와 함께 처음부터 바로 그의 교회 안에 성례와 성례적 표징을 결합시키셨다. ……성례는 신비한 상징이고 거룩한 의식이며 신성한 행위이다. 그것은 하나님 자신으로부터 나와서 주어졌으며 그의 말씀과 표징 그러한 표징의 의미하는 것으로 구성되어있다. 그것은 교

---

86) Philip Schaff, **The Creeds of Christendom**. vol. iii : The Evangelical Protestant Creeds. Baker, 1931. p. 424:'Art.xxxiii. De Sacramentis. -Nous croyons que notre bon Dieu ayant égard à notre rudesse et infirmité, nous a ordonne des Sacrements, pour sceller en nous ses promesses, et nous etre gages de la bonne volonte et grace de Dieu envers nous,'

87) Ibid., p. 328:'Frage 66. Was sind die Sacramente? Antwort. Es sind sichtbare heilige Wahrzeichen und Siegel, von Gott dazu eingesesst, das er uns durch den Brauch derselben die Verheisung des Evangeliums desto besser zu verstehen gebe und verstegele:'

회 안에서 그의 최고의 은혜를 표현한다. ……그리고 그것은 그의 약속을 인장(印藏)한다. 그리고 내적으로 우리에게 그 자신을 비추시며, 외적으로는 표현하신다. 그리고 감추인 것을 드러내시며 하나님의 성령께서 우리들의 마음 안에 역사하심을 통하여서, 우리의 신앙을 강하게 하고 성장시키신다.88)'

'2. 구약의 백성들에게 뿐만 아니라 신약의 백성들에게도 성례가 있다. 구약의 백성들에게 성례는 할례와 세상의 시작으로부터 거행되었던 희생의 제사로 언급되는 유월절의 어린양의 제사가 있다. 신약의 백성들의 성례는 세례와 주의 만찬이다.' 89)

웨스트민스터 신앙고백은 '27장 말씀과 성례에 대하여서'라고 하는 부분에서 성례에 대하여서 진술하고 있다.

'1. 성례는 은혜 언약의 거룩한 표징과 인장(印藏)이다. 그것은 그리스도와 그의 공로를 표시하고자 하나님에 의하여서 직접 주어졌다. ……

'3. 그러한 은혜는 성례의 합당한 시행을 통하여서 주어진다. 그러나 성례 그 자체는 어떤 효력도 없다. 그러므로 성례의 효과는 성례를 받는 자의 경건에 기초하여서 시행되는 것이 아니라, 가치 있게 받을 만한 은혜의 약속

---

88) *Ibid.*, p. 284.:'1. Praedicationi verbi sui adjunxit Deus mox ab initio, in Ecclesia sua, sacramenta vel signa sacramentalia.……
·Sunt autem sacramenta symbola mystica, vel ritus sancti aut sacrae actiones, a Deo ipso institutae, constantes verbo suo, signis, et rebus significatis, quibus in Ecclesia summa sua beneficia, homini exhibita,……, quibus item promissiones suas obsignat, et quae ipse nobis interius praestat, exterius repraesentat, ac veluti oculis contemplanda subjicit, adeoque fidem nostram, Spiritu Dei in cordibus nostris operante, roborat et auget:'

89) *Ibid.*, p. 284.:'Et sunt quidem alia veteris, alia novi populi sacramenta. Veteris populi sacramenta fuerunt circumcisio, et agnus paschalis, qui immo labatur: quo nomine ad sacrificia refertur, quae fuerunt celebrata a origine mundi. Novi populi sacramenta sunt baptismus, et coena Dominica.'

을 포함한 주어진 말씀과 성령의 역사에 기초한다.
 '4. 복음 안에서 예수 우리 주에 의하여서 정하여진 성례는 두 가지이다. 그것은 세례와 주의 만찬이다. 그것은 어떤 것에 의하여서 시행되는 것이 아니라, 말씀의 합법적인 사역에 의하여서 시행되어진다.' 90)

[2] 세례에 대하여서

벨직 신앙 고백서는 제 34 장에서 세례에 대하여서 다음과 같이 진술하고 있다.

'그가 그에게 속한 모든 자들에게 아버지와 아들과 성령의 이름 아래에서 깨끗한 물로 세례를 받을 것을 명령하셨다.91)' 라고 명시하고 있다.

벨직 신앙 고백은 세례의 의식을 구약의 율법을 온전하게 마치신 그리스도의 고난과 죽으심으로 인한 보혈의 공로에 기초한다고 명시하고 있다. 그래서 그리스도께서 그의 보혈을 흘리심으로 그의 백성들을 위하여서 화목의 제사를 드리심으로서 할례(circumcision)를 폐하시고(abolish) 대신 세례의 성례를 제정하셨다는 것이다.92) 그리고 그로 인하여서 우리가 하나님의 교회에 일원으로 들어올 수 있게 되었다고 하는 것이다.93) 그러므로 이러한 세례를 표징으로 가지게 됨으로서 새 언약 아래에서 교회는 하나의 통일성을 가지고 전 세계 열방으로 흩어져서 세워질 수 있었다는 것이다.94)

---

90) **Westminster Confession of Faith (1647)** chap. 27. Of the Word and Sacraments.

91) Philip Schaff, **The Creeds of Christendom. vol. iii : The Evangelical Protestant Creeds.** p. 425:'Il a donc commandé de baptiser tous ceux qui sont siens. au nom du Pere et du Fils et du Saint-Esprit, avec eau pure:'

92) *Ibid.,* p. 425:'et ayant aboli la circoncision qui se faisait par sang, a ordonne au lieu d'elle le sacrement du Bapteme'

93) *Ibid.,* p. 425:'par lequel nous sommes recus en l'Eglise de Dieu,'

벨직 신앙 고백은 세례의 외적 표상이 몸을 청결하게 하는 것이라면 내적인 의미로서 그것은 영혼을 죄로부터 정화하고 진노의 자녀의 상태로부터 벗어나서 중생에 이르게 하는 것의 표징이라고 말한다.95)

그러나 이러한 세례의 효과적인 역사는 보이는 물(water)에 있는 것이 아니고 하나님의 아들의 보혈의 공로에 있다는 것이다. 그것은 성령의 역사에 의하여서 그리스도의 보혈의 공로로 인하여서 효력이 발생하는 것이다. 그것은 구약의 백성들이 홍해를 건넜을 때 그것은 전적으로 하나님의 능력이었으며 그러한 홍해가 상징하는 바는 그리스도의 보혈이라는 것이다. 폭군 바로의 압제로부터 구약의 이스라엘 백성들이 해방되어서 홍해를 건넜던 것처럼 세례는 바로 새 언약 아래에서 중생한 신자들에게 홍해와 같은 역할을 하는 것이다. 그러므로 그들이 비록 홍해를 건넜을지라도 여전히 그들의 마음이 중생을 통하여서 새롭게 됨이 없다고 하면 그들은 여전히 애굽에 있는 것이다.

하이델베르그 요리 문답은 문 69에서 '어떻게 당신은 그리스도의 십자가 위에서의 희생이 세례를 통하여서 당신에게 참되게 효력을 발휘하는 것을 깨닫고 확증하게 됩니까?' 라고 묻고 그에 대하여서 다음과 같이 답변하고 있다.

'그리스도께서 이러한 약속에 첨가하셔서 물로서 이러한 가시적 세례를 정하셨다. 그것은 성도들이 확실하게 그의 보혈과 성령의 역사로 그의 영혼

---

94) *Ibid.*, p. 425:'et séparés de tous autres peuples et de toutes religions étrangères, pour être entièrement dédiés à lui, portant sa marque et son enseigne:'

95) *Ibid.*, p. 425:'significant par cela que comme l'eau lave les ordures du corps quand elle est répandus sur nous, laquelle aussi est vue sur le corps du baptisé, et l'arrose;'

의 모든 오염된 상태로부터 그리고 그 죄악으로부터 정결하게 되었다는 것이다. 그것은 외적으로 물로서 사람이 자신의 몸의 오염을 일반적으로 제거하는 것처럼 그러하다.96)'

하이델베르그 요리 문답은 분명하게 세례의 효력에 대하여서 언급하고 있다. 그것은 물로 시행하는 외적인 세례에 효력이 있는 것이 아니라 성령께서 그리스도의 보혈로서 우리를 모든 죄로부터 정결하게 하시는 것이다.97)

하이델베르그 요리 문답에서는 '그리스도의 성령과 보혈로 씻음을 받는다는 것이 무엇인가?'에 대하여서 답변하고 있다. 그것은 하나님으로부터 죄악의 용서를 십자가 위에서 우리를 위하여서 희생의 제물로서 흘리신 그리스도의 보혈의 공로로 인하여서 그의 은혜로서 받는 것이다.98) 하이델베르그 요리 문답도 정확하게 벨직 신앙 고백과 같은 입장을 견지하고 있다. 그것은 세례가 중생한 신자들의 외적인 표징이기는 하지만 물로 씻는 세례 그 자체가 효력이 있는 것이 아니라 오직 하나님의 영원하신 작정 안에서 성령의 역사로 그리스도의 보혈로 중생을 얻은 자에게 효력을 발휘하게 되어 있다고 하는 것이다.

---

96) *Ibid.*, p. 329.:'Catechismus ober Christlicher Underricht A.D. 1563. Frage. 69.Wie wirst du in der heiligen Taufe erinnert und versichert, dass das einige Opfer Christi am Kreuz dir zu gut komme? Antwort. Also, dass Christus diess äusserliche Wasserbad eingesesst, und dabei verheissen hat, dass ich so gewiss mit seinem Blut und Geist von der UNreinigkeit meiner Seele, das ist, allen meinen Sünden gewaschen sei, so gewiss ich äusserlich mit dem Wasser, weiches die Unsauberkeit des Leibes pflegt hinzunehmen, gewaschen bin.'

97) *Ibid.*, p. 330:'denn allein das Blut Jesu Christi, und der Heilige Geist reiniget uns von allen Sünden'

98) *Ibid.*, p. 329:'Frage 70. Was heisst mit dem Blut und Geist Christi gewaschen sein? Antwort. Es heisst Vergebung der Sünden von Gott aus Gnaden haben, um des Blutes Christi willen, welches er in seinem Opfer am Kreuz für uns vergossen hat;'

웨스트민스터 신앙 고백은 28장에서 다음과 같이 세례에 대하여서 결정하였다.

'1. 세례는 예수 그리스도에 의하여서 제정된 새 언약의 성례이다. 그것은 가시적 교회 안으로 들어가는 엄숙한 입회 의식이면서 동시에, 그리스도와 연합하는 은혜 언약의 표징과 인장이다. 그러므로 그것은 예수 그리스도를 통하여서 하나님께서 베푸시는 새로운 삶의 행보이며 죄의 사함과 중생의 표징이다. 그러므로 성례는 그리스도 자신이 세우신 것이고 세상 끝 날까지 계속 주어질 것이다.' 99)

웨스트민스터 신앙 고백은 제 29장 2절은 세례의 시행의 방식과 그 세례를 시행하는 자를 명시하고 있다. 첫 번째 그 시행 방식은 성부와 성자와 성령의 이름 안에서 물로 세례를 행하는 것이다. 그리고 그 시행하는 수종자들은 오직 정규적인 말씀 사역의 부르심을 받은 목사들로 제한하고 있다.100)

그 시행하는 형태에 대하여서 웨스트민스터 신앙 고백 제 29장 3절은 명시하고 있다. 그 당시에도 유행하고 있었던 재세례파들의 침례형태에 대하여서 '사람을 물에 침륜시키는 것은 필수적인 것이 아니다.' 라고 말하고 '오히려 사람의 위에 물을 뿌리는 것이 옳은 것이다.' 라고 정리하였다.101)

---

99) **Westminseter Confession of Faith.(1647)** cap. 28. ver.10:'Baptism is a sacrament of the New Testament, ordained by Jesus Christ, not only for the solemn admission of the party baptized into the visible Church, but also to be unto him a sign and seal of the covenant of grace, of his ingrafting into Christ, of regeneration, of remission of sins, and of his giving up unto God, through Jesus Christ, to walk in newness of life: which sacrament is, by Christ's own appointment, to be continued in his Church until the end of the world.,'

100) *Ibid.,* cap. 28. ver.2:'Ⅱ.……is to be baptized in the name of the Father, and of the Son, and of the Holy Ghost, by a minister of the gospel, lawfully called thereunto.'

101) *Ibid.,* cap.28. ver.3:'……Dipping of the person into the water is not necessary,……but baptism is rightly administered by pouring, or

그러므로 세례에 선행하는 바는 곧 성령의 효력 있는 역사이다. 그리고 그러한 성령의 효력 있는 역사는 하나님의 영원하신 작정 안에서 그의 예정된 택자들에게만 유효하다. 그러므로 세례는 하나님의 성령의 역사로 효력을 발휘하며 그러한 성령 하나님의 역사는 성 삼위일체 하나님의 영원하신 작정과 예정에 기초한다. 그 작정과 예정의 내용은 창세전에 그리스도 안에서 그의 백성들을 택정하셨다는 것이다. 그러므로 세례의 효력은 세례를 베푸는 자의 권세로부터도 아니고 그 세례를 받는 자의 경건에 의하여서도 아니며 세례 그 자체로 인함도 아니고 오직 거룩한 하나님의 자유로우시고 기뻐하시고 영원하신 작정 안에서 하나님의 성령께서 그리스도의 보혈의 공로에 의거하여서 그의 택자들에게 베푸시는 은혜에 기초한다.

[3] 유아 세례에 대하여서

유아 세례에 대한 개혁주의 신조 내에서의 일치성은 확고하다. 벨직 신앙고백은 유아 세례에 대하여서 다음과 같이 고백하고 있다.

'그러므로 우리는 재세례파들의 혐오스러운 오류에 대하여서 정죄한다. 그들은 한번 받은 세례에 대하여서 만족하지 못하고 무엇보다 신자들의 유아들에 대한 세례를 비난한다. 그러나 우리는 신자들의 유아들에 대한 세례가 은혜 언약의 표징으로서 당연히 시행 되어야 한다고 믿는다. 왜냐하면 세례는 옛 언약과 동일한 약속에 기초한 새 언약의 교회의 성례이기 때문이다. 그러므로 옛 언약 시대 이스라엘의 유아들에게 그러한 성례 의식이 행하여졌던 것처럼 새 언약의 유아들에게 세례가 행하여지는 것은 당연하다.' 102)

---

    sprinkling water upon the person.'

102) *Ibid.,* p. 427:'Sur ceci nous détestons l'erreur des Anabaptistes, qui ne se contentent pas d'un seul baptême une fois recu, et en outre condamnent le baptême des petits enfants des fidèles, lesquels nous croyons devoir êtaient circoncis en Israël, sur les mêmes promesses

벨직 신앙 고백서는 그리스도께서 신자들뿐만 아니라 신실한 성도들의 유아들을 위하여서도 세례를 제정하셨다고 말한다. 그러므로 그리스도께서 거룩한 교회의 모든 성도들을 위하여서 제정하신 세례에 유아들이 제외되는 것처럼 어리석은 것은 없다고 진술하고 있다. 그것은 구약의 성례식이 유대인들의 유아들의 것이라면 새 언약의 세례는 신자들의 유아들의 것이라는 것이다. 그런 측면에서 사도 바울은 세례를 그리스도의 성례(the circumcision of Christ)라고 불렀던 것이다.103)

하이델베르그 요리 문답은 제 74문에서 '유아들도 세례를 받는가?' 라고 질의하고 그에 대하여서 '그렇다.' 라고 답변하고 있다.104) 그 주된 내용은 이러하다. 어른들과 마찬가지로 그들도 하나님의 교회와 그의 언약 안에 포함된 자들이라는 것이다. 그리고 그러한 약속의 주체자가 되시는 하나님께서 성령의 역사와 그리스도의 보혈로서 죄로부터 그의 백성들을 구속하셨을 때 그것은 성도들의 유아들까지 포함하여서 그러한 언약을 체결하신 것이다. 그러므로 신자들의 유아들이 신약의 세례로부터 제외될 이유는 없다.105)

---

qui sont faites à nos enfants.'

103) *Ibid.*, p. 428.'Et de plus ce que faisait la circoncision au peuple judaïque, le Baptême fait le même envers nos enfants:c'est la cause pourguoi saint Paul appelle le Baptême la Circoncision de Christ.'

104) *Ibid.*, p. 331:'Frage 74. Soll man auch die jungen Kinder taufen? Antwort. Ja:'

105) *Ibid.*, p. 331:'denn dieweil sie sowohl als die Alten in den Bund Gottes und seine Gemeine gehören, und ihnen in dem Blut Christi die Grlösung von Sünden und der Heilige Geist, welcher den Glauben wirket, nicht weniger denn den Alten zugesagt wird; so sollen sie auch durch die Taufe, als des Bundes Zeichen, der christlichen Kirche eingeleibt und von der Ungläubigen Kindern unterschieden werden, wie im alten Testament durch die Beschneidung geschehen ist, an welcher Statt im neuen Testament die Taufe ist eingesesst.'

하이델베르그 요리 문답도 벨직 신앙 고백서와 동일하게 구약 안에서 행하여진 성례처럼 새 언약의 세례가 그것을 대치한 것이라고 명시하고 있다.

제 2 스위스 신앙 고백서에서는 '우리는 경건한 부모에게서 태어난 유아들에게 세례를 시행하는 것을 부정하는 재세례파를 정죄한다.' 고 고백하고 있다.106)

그리고 이어서 '하나님의 나라가 이러한 자의 것(누가복음 18장 16절)이라고 하는 복음서의 가르침과 유아들도 하나님의 언약 안에서 있다는 가르침이 있기 때문이다.' (사도행전 3장 25절)라고 고백하고 있다.107)

---

106) Philip Schaff, **The Creeds of Christendom.vol.3:Evangelical Protestant Creeds.** p. 291:'Damnamus Anabaptistas, qui negant baptizandos esse infantulos recens natos a fidelibus.'

107) *Ibid.,* p. 291:'Nam juxta doctrinam Evangelicam horum est regnum Dei, et sunt in foedere Dei;'

3. 신학적 관점에서 본 유아 세례 논쟁

- 아브라함 언약과 유아 세례
- 구약과 신약의 성례에 대한 은혜 언약의 경륜상의 차이점
- 세례의 본질과 가치성
- 유아 세례의 본질과 그 가치성

3. 신학적 관점에서 본 유아 세례 논쟁

(1) 아브라함 언약과 유아 세례

[1] 아브라함 언약의 실체

창세기 12장은 하나님께서 아브라함을 부르시는 내용으로부터 시작되고 있다(창세기 12장 1절). 그리고 창세기 12장에서부터 시작된 아브라함에 대한 내용들은 창세기 25장까지 이어지고 있다. 창세기 15장은 하나님께서 아브라함과 언약을 체결하시는 내용으로 되어있다(창세기 15장 1-21).

창세기 15장 1절에서 여호와께서 '아브라함에게 자신을 그의 방패요 지극히 큰 상급으로' (דאם הברה דרסא דל זנד)계시하신다. 그리고 창세기 15장 6절은 '아브라함이 여호와를 믿으니 여호와께서 이를 그의 의로 여기신다.' (הה: דצ ול הבשחיו הוהיב זמאהו) 고 기록하고 있다.

이 두 본문은 하나님의 약속과 그에 대한 아브라함의 신앙으로 연결되어 있다. 이러한 내용은 사도 바울이 에베소 교회에 보낸 서신에서 신앙에 대하여서 정의하면서 증거 하였던 에베소서 2장 8절을 상기시킨다.

'너희가 그 은혜를 인하여 믿음으로 말미암아 구원을 얻었나니 이것이 너희에게서 난 것이 아니요 하나님의 선물이라' (τῇ γὰρ χαριτί ἐστε σεσῳσμένοι διά πίστεως καί τοῦτο οὐκ ἐξ ὑμῶν Θεοῦ τὸ δῶρον)

에베소서 2장 8절은 사도 바울이 이방인 기독교도들에게 그들이 받은 신앙의 가치성에 대하여서 역설하는 중에 하신 말씀이다. 신앙은 그 행위자의 의지에 기초하는 것이 아니라 하나님의 선물이다(Dei enim donum). 그리고 그러한 선물을 받게 되는 것은 창세전에 그리스도 안에서(ante mundi in ipso) 우리를 선택하신(elegit nos) 하나님의 영원하신 작정(Decretum Dei aeternum)하심으로 인하여서이다(에베소서 1장 4절). 그리고 하나님께서 성령의 능력으로 그의 택자들을 효과적으로 구원에 이르도록 중생케 하셨을 때에 그들 안에 회개와 함께 신앙을 선물로 시여하셨다.108) 그리고 하나님의 선물로서 구원에 이르는 효과적인 신앙을 갖게 된 신자가 신앙의 고백을 통하여서 세례를 받음으로서 믿음의 가시적 표징을 얻게 되는 것이다.109)

사도 바울은 로마서에서 아브라함의 신앙에 대하여서 다음과 같이 증거하고 있다.

'(9) 그런즉 이 행복이 할례자에게냐 혹 무할례자에게도냐 대저 우리가 말하기를 아브라함에게는 그 믿음을 의로 여기셨다 하노라, (10) 그런즉 이를 어떻게 여기셨느뇨 할례시냐 무할례시냐 할례시가 아니라 무할례시니라, (11) 저가 할례의 표를 받은 것은 무할례시에 믿음으로 된 의를 인하여서 표징으로서 받은 것이니 이는 무할례자로서 믿는 모든 자의 조상이 되어 저희로 의로 여기심을 얻게 하려 하심이라'(로마서 4장 9-11절).

이러한 사도 바울의 논증을 통하여서 볼 때 아브라함이 받은 할례는 그의

---

108) **Westminster Confession of Faith (1647).** cap.x ver.1 :'X. Of Effectual Calling. 1. All those whom God hath predestinated unto life, and those only, He is pleased, in His apointed and accepted time, effectually to call, by His Word and Spirit, out of that state of sin and death, in which they are by nature to grace and salvation, by Jesus Christ;'

109) Ioannus Calvinus, Inst (1559) Lib.IV. cap.xv. ver.13:'qua denique fidem nostram publice affirmamus, ut non modo laudem Dei spirent corda nostra, sed linguae etiam et omnia corporis membra quibus possunt significationbus personent.'

믿음으로 의롭게 된 것의 표징이다. 그리고 아브라함이 받은 그러한 표징은 하나님의 약속의 보증으로서 아브라함뿐만 아니라 그의 후손들도 아브라함과 동일한 약속의 보증으로서 할례를 받았다고 하는 것이다.110)

그리고 이러한 규례는 대대로 지켜질 것을 하나님께서 말씀하셨다 (창세기 17장 10-14절).111)

사도 바울은 모세를 통하여서 이스라엘 백성들에게 시여된 율법은 그들의 범법함을 인하여서 은혜를 더한 것이라고(τῶν παραβάσεων χάριν προσετέθη) 증거하고 있다(갈라디아서 3장 19절). 그러면서 '하나님께서 미리 정하신 언약을 사백 삼십 년 후에 생긴 율법이 그 약속을 무효화시키려고 헛되이 할 수 없다'(διαθήκην προκεκυρωμένην ὑπὸ τοῦ Θεοῦ ὁ μετά τετρακόσια καὶ τριάκονταέτη γεγονὼς νόμος οὐκ ακυροῖ εἰς τὸ καταργῆσαι τὴν ἐπαγγελίαν)고 증거하고 있다.(갈라디아서 3장 17절).

이런 측면에서 볼 때 율법은 은혜 언약의 한 형태로서 은혜 언약에 종속적이다.112) 아담이 창조되었을 때에 그는 아직 하나님과 언약 가운데 들어가지 않았다.113) 그러나 하나님께서 아담에게 '선악을 알게 하는 나무의 실과

---

110) *Ibid.,* Lib.IV. cap.xvi. ver.3:'Ubi Dominus circumcisionem Abrahae servandam mandat, praefatur se illi et semini illius in Deum fore;'

111) '(10) 너희 중 남자는 다 할례를 받으라 이것이 나와 너희와 너희 후손 사이에 지킬 내 언약이니라 (12) 대대로 남자는 집에서 난 자나 혹 너희 자손이 아니요 이방 사람에게서 돈으로 산 자를 무론하고 난 지 팔 일 만에 할례를 받을 것이라 (13) 너희 집에서 난 자든지 너희 돈으로 산 자든지 할례를 받아야 하리니 이에 내 언약이 너희 살에 있어 영원한 언약이 되려니와 (14) 할례를 받지 아니한 남자 곧 그 양피를 베지 아니한 자는 백성 중에서 끊어지리니 그가 내 언약을 배반하였음이니라'(창세기 17장 10-14절)

112) Samuel Rutherford, **The Covenant of Life Opened: or A Treaties of the Covenant of Grace,** Edinburgh,1655, p. 374.

113) *Ibid.,* p. C2. :'So man must come under a three-fold consideration. 1. As a creature. 2. As a reasonable creature. 3. As such a creature reasonable,

를 먹지 말라' (ונמה לכאת אל ערו תעדה יעמו, 창세기 2장 17절)고 하는 계명을 주셨을 때에 아담이 하나님과 행위 언약 가운데 들어간 것이다.114) 하나님께서 아담과 맺으신 행위 언약의 조건은 순수한 상태에서의 순종이었다. 그러므로 아담은 타락하기 이전에 하나님의 계명을 온전하게 순종함으로서 완전하게 될 수 있었다.115) 그러나 아담은 창조된 이후에 죄가 없는 순수한 상태이기는 하였지만 타락할 수 없을 정도로 완전한 존재는 아니었다. 그는 하나님의 계명에 순종해야할 위치에 놓여 있었다. 그러나 아담은 타락하였고 하나님의 계명을 어김으로서 범죄 하였다. 그때 아담은 행위 언약의 공적인 대표자로서 있었다.116) 그러나 그가 범죄 함으로서 행위 언약은 더 이상 효력을 발휘할 수 없게 되었다 (로마서 10장 5절: 갈라디아서 3장 10절). 그러므로 아담의 타락 이후에 인류는 누구든지 하나님의 율법의 요구를 온전하게 순종 할 자가 없어졌기 때문에 율법으로서 의롭게 되려고 하는 자는 하나님의 은혜로부터 떨어져서 저주 아래 놓이게 된다고 하는 것이다. 그것은 사도 바울이 로마서에서 증거 하신 대로 율법을 따라 난자는 저주 아래 있다고 하

---

endued with the image of God. In the first consideration, man comes under the Covenant naturall, common to all creatures; So is Peters body carried above in the water as iron swims. 2. As reasonable creature, he owes himself to GDo , to obey so far as the Law written in the heart carries him, to love God, trust in him, fear him. But this can hardly brar the name of a Covenant, except it be so called, in a large sense, nor is there any promise of life, as a reward of the work of obedience here.'

114) *Ibid.*, p. C2:'But man being considered as induced with the Image of God, so the Holy God made with him a Covenant of life, with Commandments, though positive and Morall, yet not deduced from the Law of Nature, in the strictest sense, as to observe such a Sabbath, the seventh from the Creation, the not eating of the forbidden tree, and with a promise of such life.'

115) **Westminster Confession of Faith (1647)**, cap.7. ver.3.:'The first covenant made with man was a covenant of works, wherein life was promised to Adam, and in him to his posterity, upon condition of perfect and personal obedience.'

116) Samuel Rutherford, p. 68:'For Adam was not Mediator of reconciliation here, he was a sort of publick Law head in whom he was to stand or fall,'

는 것이다. 왜냐하면 그는 율법의 모든 요구를 온전히 지켜야 하기 때문이다. 결국 율법으로는 죄를 깨닫게 된 것이다(로마서 3장 20절). 생명에 이르게 하는 율법이 오히려 그들에게 올무가 되었다. 그것은 인간의 범죄로 인하여서 그러하다. 그러나 지금도 여전히 행위 언약은 유효하다. 누구든지 율법의 모든 것을 온전하게 지킨다면, 그는 구원을 받을 수 있다(레위기 18장5절, 에스겔 20장 11절, 13, 마태복음 19장 16절, 로마서 10장 5절, 갈라디아서 3장12절).117) 그러나 그것은 논리적으로 그러하다고 하는 것이며 실재적으로 그러하다고 하는 것은 아니다. 전 인류는 죄악 가운데 갇혔고 더 이상 그들의 행위로서는 하나님 앞에서 의롭다 함을 받을 수 없다(히브리서 8장 7절). 그러므로 아담이 하나님의 계명을 받음으로서 하나님과 행위 언약 가운데 들어갔다고 할지라도 아담이 하나님으로부터 받은 계명을 어김으로서 행위 언약을 지킬 수 없는 존재가 되었다.118) 그것은 인간이 하나님의 율법에 대하여서 전적으로 무능력한 자가 되었다는 것이다.

사도 바울은 이러한 측면에서 '율법 외에 하나님의 한 의가 드러났다(χωρὶς νόμου διακιοσύνη Θεού πεφανέρωται)'고 증거하고 있다(로마서 3장 21절). 그것은 그리스도 예수 안에서 믿음으로 주어지는 하나님의 의 (Rightousness)이다. 마지막 아담이신 그리스도께서는 하나님과 구속 언약을 맺으셨다. 그러한 구속 언약은 행위 언약을 온전하게 성취하고 그의 백성들에게 은혜 언약을 이룰 수 있도록 하신 것이다.119)

---

117) Dr. Hermann Bavinck, **Magnalia Dei,** Kampen, 1931, p. 254:'God heeft zijnerzijds dien regel ook niet verbroken, Hij houdt er zich nog aan; indien er een mensch wezen kon, die Gods gebod volkomen onderhield, hij zou nog als loon het eeuwige leven ontvangen, Lev 18:5, Ezech 20:11, 13, Matth 19:16v. Rom 10: 5, Gal 3:12.'

118) *Ibid.*, p. 254:'Maar de mensch heeft zelf dien weg ten leven voor zich onmogelijk gmaak; hij kan de wet niet meer onderhouden, omdat hij de gemeenschap met God verbroken heeft en zijne wet niet meer liefheeft maar haat, Rom 8:7.'

119) Louis Berkhof, **Systematic Theology,** Eerdmans, 1997. p. 267.

그러므로 이스라엘 백성들에게 십계명의 형태로 주어진 율법은 이미 태초에 아담 안에 심기워진 하나님의 명령과 동일하다.120) 태초에 아담이 받은 하나님의 계명은 하나님의 명령에 순종하라는 것이었다. 그리고 그 순종의 내용이 십계명이었다. 그리고 그것을 하나님께서 아담에게 선악을 알게 하는 나무를 먹지 말라고 명령하심으로서 아담의 순종을 시험하셨다(창세기 2장 16-17절). 아담은 이 시험에서 아내와 함께 범죄 하게 되고 그가 더 이상 하나님의 율법을 순종할 능력이 없고 전적으로 타락하여서 율법에 대하여서 무능력한 자가 되었다(로마서 3장 23절).

그러므로 행위 언약은 은혜 언약이 오기 전에 예표와 그림자로서 아담에게 주어진 것이다. 하나님의 영원하신 작정 안에서 예정된 언약은 은혜 언약이다. 은혜 언약이 행위 언약에 뒤에 오지만 본질적으로 은혜 언약은 행위 언약보다 우월하다. 그와 같이 역사적으로 행위 언약이 은혜 언약 보다 앞서지만 본질적으로 행위 언약은 은혜 언약에 종속적이다.121) 그러므로 행위 언약 자체도 은혜 언약이다. 그것은 행위 언약이 인간의 행위로 구원을 받는 언약이 아니라 그 행위를 순종하라고 명령하신 자가 주시는 은혜에 기초하기 때문이다. 피조물인 인간이 행위 언약의 모든 내용을 순종했다고 해도 그것으로 인하여서 그가 하나님으로부터 축복을 당연히 받는 것이 아니다.122) 하나님께서 그러한 언약 안에서 축복하시기로 약속하신 그 약속에 기초하는 것이다. 그러므로 행위 언약도 본질적으로 은혜 언약의 한 형태에 불과하다.

---

120) William Twiss, **The Christian Sabbath Vindicated,** London, 1641, chap.iii.:'Every Law of the Decalogue is a Morall and Perpetuall Law.'

121) Louis Berkhof, p. 273.

122) **Westminster Confession of Faith,**(1647) chap.vii. ver.1:"The distance between God and the creature is so great, that although reasonable creatures do owe obedience unto him as their Creator, yet they could never have any fruition of him as their blessedness and reward,············

그와 같이 모세를 통하여서 율법이 주어진 시내산 언약도 은혜 언약의 한 형태이다.123) 그러나 아담은 하나님의 약속을 거부하고 범죄 하여서 행위 언약을 파기하였다. 그러므로 하나님께서는 그의 범죄로 인하여서 아담을 에덴 동산에서 내어 쫓으시고 그들이 하나님의 율법으로부터 배도하였음을 증거하셨다(창세기 3장 23-24절). 그러므로 아담의 범죄는 모든 인류의 범죄의 시초이고 그의 범죄는 바로 인간성의 전적인 타락성을 드러낸 것이다. 아담 이후 모든 인류는 하나님의 율법에 순종할 수 없는 전적으로 무능력한 존재라고 하는 것이다.124) 이러한 인간의 부패성은 대대로 이어져 내려오며 모세가 시내산에서 율법을 받았을 때에도 이스라엘 백성들 안에서도 가지고 있었던 부패성이었다. 그러므로 하나님께서 그들에게 율법을 주신 것은 이스라엘 백성들을 그리스도에게 인도하시고자 주신 것이다. 그러므로 율법은 그리스도께서 강림하시기 전까지 몽학선생으로서 이스라엘을 인도하였다.(갈라디아서 3장 24절) 그것은 희생 제사와 절기와 여러 가지 의식들이다. 그것은 장래일의 예표와 모형과 그림자였던 것이다.125)

그렇다고 하면 아브라함의 언약과 모세의 율법과는 어떠한 관계인가 하는 것이다. 먼저 중요한 것은 아브라함의 언약이 모세의 율법 보다 430년 전에 주어졌다는 것이다(갈라디아서 3장 17절). 그것은 은혜 언약이 율법보다 앞선다고 하는 것을 의미한다. 그렇다. 율법은 은혜 언약 아래에 경륜의 방식

---

123) Dr. Hermann Bavinck, **Magnalia Dei,** p. 258:'Met Israel als het zaad van Abraham wordt dan het genadeverbond aan den Sinai opgericht;'

124) **Westminster Confession of Faith,,(1647)** chap.vi. ver.4:'From this original corruption, whereby we are utterly indisposed, disabled, and made opposite to all good, and wholly inclined to all evil, do proceed all acutual transgressions.'

125) Dr. Hermann Bavinck, **Magnalia Dei,** p. 258:'maar wiijl Israel een volk is en als een heilig volk voor Gods aangezicht moet wandelen, neemt het genadeverbond een nationaal karakter aan en bedient zich van de wet, niet alleen van de zedelijk, maar ook van allerlei burgerlijke en ceremonieele wetten, om het volk als een tuchtmeester te leiden tot Christus.'

안에서 주어진 것이다. 그러므로 율법은 하나님께서 이스라엘 백성들을 더욱 풍성한 그리스도의 은혜로 인도하고자 더하여준 것이다.126)

하나님의 영원하신 작정 안에서 하나님께서 그의 백성들에게 주시고자 하시는 것은 은혜 언약이다. 그러므로 이 언약은 하나이고 통일적이다. 다만 경륜의 차이로 인하여서 외적 모양이 다르다.127) 그러므로 아브라함의 등장은 은혜 언약이 모든 인류의 역사와 구별되어서 드러난 가시적 교회의 외적인 형태로서의 등장이다. 그러할 때 하나님께서 아브라함과 맺으신 언약은 실재적으로 그의 거룩한 교회와 맺으신 것이다. 아브라함은 은혜 언약을 받는 한 대상으로서 하나님으로부터 언약을 받은 것이다.128) 그래서 사도 바울은 아브라함을 '믿음으로 그 자취를 따르는 모든 자들의 조상'이라고 증거하였던 것이다(로마서 4장 12절). 그렇다고 하면 분명하다. 아브라함이 받은 언약은 은혜 언약이고 그 은혜 언약을 받는 방식은 믿음을 통하여서이다. 그리고 그 믿음은 창세전에 그리스도 안에서 택정된 택자들 모두에게 선물로 주어진 것이다(에베소서 1장 4절). 그리고 그러한 선물은 하나님의 아들 우리 주 예수 그리스도의 십자가에서 이루신 공로에 기초한다(히브리서 7장 25절).

그러므로 아브라함도 다윗도 하나님의 아들 예수 그리스도를 믿음으로 구원을 받은 것이다.129) 다만 구약이 신약과 다른 것은 그리스도께서 인간으로

---

126) *Ibid.*, p. 258:'De belofte was ouder dan die wet, en de wet kwam niet in de plaats der belofte, maar kwam bij de belofte bij, om deze juist tot verdere ontwikkeling te brengen en hare vervulling in de volheid des tijds voor te bereiden.'

127) *Ibid.*, p. 258:'Doch in welke vormen het genadeverbond ook optrede, het heeft altijd denzelfden wezenlijken inhoud.'

128) Samuel Rutherford, **The Covenant of Life Opened: or A Treatise of the Covenant of Grace**, Edinburgh, 1655, part.1. cp. 11, p. 79:'It was the Covenant made with Abraham, which a Covenant of Grace:'

129) *Ibid.*, part.1. cp. 11, p. 81.:'But in this Covenant, Abraham, David,

오시기 이전에 예표와 그림자의 성격을 가지고 있었다는 것이다. 그러나 구약이 비록 예표와 그림자와 같은 성격을 가지고 있다고 할지라도 그 내용은 신약과 동일한 은혜 언약이다. 그러므로 구약에서 계속 증거 되고 있는 희생 제사들은 오실 자 메시아이신 그리스도의 예표와 그림자에 불과하다.130)

결단코 구약 이스라엘 백성들은 자주 드리는 희생 제사를 통하여서 속죄를 받고 구원을 얻은 것이 아니다. 오히려 그러한 것은 예표와 그림자가 되어서 약속된 실체로서 오실 자 메시아이신 그리스도를 통하여서 성령의 역사로 효과적이고 충분하게 믿음으로 구원을 얻는다.131) 그리고 그와 같이 믿음으로 구원을 받는 것의 외적 표징이 구약에서는 할례와 유월절의 절기로 신약에서는 세례와 주의 만찬으로 제정되었다. 그러므로 구약과 신약은 그 본질에 있어서 동일한 실체이며 동일한 내용이다. 다만 그 적응 방식에 있어서 신구약의 경륜상의 차이점으로 인하여서 나누인 것뿐이다.132)

[2] 은혜 언약의 통일성과 유아 세례

하나님께서 아브라함과 언약을 체결하셨을 때에 그 언약은 아브라함의 의

Gen.15. Psal.32. Rom.4. 1,2,3,4,6,7,8,9. and the Jews by faith, have remission of sin and salvation, as also the Gentiles have, Act 10.43. Act 15.11.'

130) **Westminster Confession of Faith,**(1647) chap.vii. ver.4:'This covenant was differently administered in the time of the law, and in the time of the gospel; under the law it was administered by promises, prophecies, sacrifices, circumcision, the paschal lamb, and other types and ordinances delivered to the people of the Jews,'

131) *Ibid.*, chap.vii. ver.5:'all foresignifying Christ to come, which were for the time sufficient and efficacious, through the operation of the spirit, to instruct and build up the elect in faith in p'

132) Dr. Hermann Bavinck, **Magnalia Dei**, p. 258:'Toch, hoe onveranderlijk in zijn wezen ook, het wisselt in zijne vormen, en treedt in de verschillende bedeelingen in andere gestalten op.'

지와 상관없는 일방적인 언약이다. 그러한 은혜 언약은 어떠한 방식으로 구별이 되든지 늘 같은 본질과 내용을 갖는다. 그것은 동일한 복음(로마서 1장 2절, 갈라디아서 3장 8절), 동일한 중보자(요한복음 14장 6, 사도행전 4장 12절), 동일한 신앙(사도행전 15장 11절, 로마서 4장 11절)과 동일한 죄의 사함과 동일한 하나님의 은혜이다(사도행전 10장 43절, 로마서 4장 3절). 그러므로 신구약 성도들의 다양한 삶의 경륜에도 불구하고 그들의 가는 길은 동일한 곳으로 귀착된다.[133]

이러한 은혜 언약의 성격과 관련하여서 몇 가지로 나누어서 생각해야할 것이 있다.

첫 번째 은혜 언약을 맺으신 주체자로서 하나님
두 번째 은혜 언약의 중보자로서 그리스도
세 번째 은혜 언약의 대상으로서 택자들
네 번째 은혜 언약의 내용으로서 '하나님께서 우리와 함께하심'

1 은혜 언약을 맺으신 주체자로서 거룩한 삼위일체 하나님

은혜 언약을 맺으신 주체자는 여호와 하나님이시다. 그 하나님께서는 최초에 아담에게 자신을 드러내시고(창세기 2장 16절) 그 이후에 계속 모든 인류의 삶에 역사하셨고 지금도 역사하시는 분으로 성경은 증거하고 있다.

그 하나님께서는 구약에서 여호와로 아브라함과 그의 백성들에게 계시하

---

[133] *Ibid.*, p. 258:'Doch in welke vormen het genadeverbond ook optrede, het heeft altijd denzelfden wezenlijken inhoud. Het is altijd hetzelfde Evangelie, Rom. 1 : 2, Gal. 3 : 8, dezelfde Christus, Joh. 14 : 6, Hand. 4 : 12, hetzelfde geloof, Hand. 15 : 11, Rom. 4 : 11, Hebr. 11, dezelfde weldaden van vergeving en eeuwig leven, Hand. 10 : 43, Rom. 4 : 3. Het licht verschilt, waarbij de geloovigen wandelen, maar het is altijd dezelfde weg, die door hen betreden wordt.'

신 하나님이시다. 이스라엘의 언약의 하나님으로서 하나님께서 자신을 계시하실 때에 이스라엘 백성들에게 여호와로 계시하셨다. 그러한 하나님께서 아버지와 아들과 성령으로서 세 위격을 한 실체 안에서 가지고 계시는 분으로서 성경은 증거하고 있다. 첫 번째 구약 전체의 '하나님(אלהים)' 이라는 성호가 모두 복수 형태로 되어있다는 것이다. 다만 수식어가 붙을 때에만 단수형태를 취할 뿐이다. 구약 성경에서 엘로힘(אלהים)은 엘(אל)의 복수 형태로써 '하나님' (אלהים)이라고 하는 의미가 독립적으로 사용 될 때에 예외 없이 복수 형태로 기록하고 있다. 그러나 그러한 호칭상의 증거 보다 더욱 분명한 증거는 성경 자체가 증거 하는 하나님의 위격상의 복수성이다.

창세기 19장 24절 '여호와께서 하늘 곧 여호와에게로서……내리사' (: והוה ……מימשהוהי הוהי תאמ ריטמה)라고 하는 구절이 있다.134) 맨 앞의 여호와께서(הוהי)와 맨 뒤에 '하늘 곧 여호와에게로서' (מימשהוהי הוהי תאמ)가 '여호와' (הוהי)라고 하는 성호로 반복되어있다. 그리고 그 반복이 서로 대면하는 형태를 취하고 있다. 그것은 서로 인격이 다른 사람과 사람이 관계를 형성할 때의 그러한 형태이다. '여호와께서(הוהי) 여호와로부터(הוהי תאמ) 무엇 무엇을 행하셨다.' 라는 형태이다. 히브리어 'תאמ' 는 다른 대상에 대하여서 '..로 부터(from)' 라고 하는 의미를 가지고 있다. 그것은 흡사 '아들이 아버지로부터 무엇을 요구하는 형태' 를 취하고 있다. 이러한 구약 히브리어 성경의 기이한 형태는 결국 그 여호와께서 아버지와 아들로 계시되어진 것을 의미하는 것이다. 그래서 다시 대입하면 '아들 하나님께서 아버지 하나님으로서……내리셨다.' 라고 하는 형태를 취하는 것이다. 이러한 구도는 매우 중요한 삼위일체 하나님의 역사 방식을 증거하고 있다. 그것은 성부가 주체로서 표현 될 때에 성부는 성자 안에서 성령을 통하여서 그의 역사를 행하신다는 것이다(God the Father works In God the Sonne and By God the Spirit). 그와 같이 그 주체가 성자가 될 때에는 성자는 성부로부터 성령을

---

134) 'Then the Lord rained down……from the Lord out of Heaven.'(NIV)
'The the Lord rained upon……from the Lord out of heaven' (KJV)

통하여서 행하신다는 것이다(God the Sonne works From God the Father and By God the Spirit). 그리고 다시 그 주체를 성령으로 할 때에 성령은 성부와 성자로부터 행하신다는 것이다(God the Spirit works From God the Father and From God the Sonne). 이러한 성삼위일체 하나님의 사역의 방식은 매우 중요하다. 그것은 삼위일체 하나님께서 영원부터 영원까지 이러한 방식으로 우주의 창조와 통치 그리고 그의 백성들의 구속의 역사와 교회에 대한 치리(治理)를 행하시기 때문이다.

그런데 이러한 본문의 삼위일체적 구도는 구약 성경에서 여러 군데 증거되고 있다. 의원 누가가 기록한 누가 복음에서 예수께서는 친히 시편 110편 1절을 통하여서 그리스도께서 다윗의 주(Lord)가 되심을 증거하고 계신다.

이에 대하여서 시편 110편 1절을 살피고 나서 누가 복음서를 살피고자 한다.

'여호와께서 내 주에게 말씀하시기를 내가 네 원수로 네 발등상 되게 하기까지 너는 내 우편에 앉으라 하셨도다(יד שב ימיני עד-אשית איביך הדם לרגליך׃ נאם יהוה לא)' (시편 110편 1절).135)

이 본문에서도 '여호와께서 내 주에게 말씀하셨다.' (נאם יהוה לאדני)라고 하는 구문을 통하여서 다윗의 주(Lord)가 두 위격으로 묘사되고 있다. 앞부분의 '여호와(יהוה)' 와 그 다음 부분의 '내 주에게(לאדני)' 가 그러하다. 히브리어 본문의 '누가 누구에게(ל) 이르다(נאם)' 라는 표현은 분명하게 서로 관계적으로 위격(Person)상의 차이를 분명하게 드러내고 있는 표현이다. 그것은 어떤 말하는 주체가 다른 대상에게 무엇인가를 말하는 것이다. 그러므

---

135) 'The LORD said unto my Lord, Sit thou at my right hand, until I make thine enemies thy footstool.'(KJV)
   'The LORD says to my Lord: Sit at my right hand until I make your enemies a footstool for your feet.'(NIV)

로 앞부분의 '여호와(יהוה)'와 뒷부분의 '내 주님에게(לאדני)'는 서로 다른 위격을 의미한다. 이것은 아버지 하나님과 아들 하나님을 의미하는 것이다. 앞부분의 여호와(יהוה)는 성부 하나님으로서 그리고 뒷부분의 내 주님(אדני)은 성자 하나님으로 볼 수 있다. 이러한 성부와 성자 하나님의 관계적인 차이가 결국 삼위일체 하나님의 위격 상의 독립성을 의미하는 것이다. 성부와 성자는 서로 관계적으로 다른 위격이시다.

그리스도께서 이러한 시편 말씀을 인용하시면서 그리스도 자신이 다윗의 주가 되심을 증거 하신다.

'(41) 예수께서 저희에게 이르시되 사람들이 어찌하여 그리스도를 다윗의 자손이라 하느냐 (42) 시편에 다윗이 친히 말하였으되 주께서 내 주께 이르시되 (43) 내가 네 원수를 네 발의 발등상으로 둘 때까지 내 우편에 앉았으라 하셨도다 하였느니라 (44) 그런즉 다윗이 그리스도를 주라 칭하였으니 어찌 그의 자손이 되겠느뇨 하시니라' (누가복음 20장 41-44).

이 부분에서도 '주께서 내 주께 이르시되(εἶπεν κύριος τῷ κυρίῳ μου)'라고 하여서 서로 다른 두 위격상의 차이를 분명하게 드러내고 있다.[136]

이러한 구약의 삼위일체적인 교리적 기초가 될만한 구절들은 신약에서는 더욱 분명하게 표현되고 있다. 삼위일체 교리가 분명하게 계시되어있는 가장 좋은 서신은 요한 복음서이다. 요한복음 1장 1-18절과 17장은 삼위일체 하나님에 대한 교리를 구성할 만한 기록들이 있다. 요한복음을 기록한 사도 요한은 그리스도의 제자였고 초대 교회의 중요한 사도였다. 그는 주후 90년경 밧모섬에서의 유배를 마치고 에베소 교회에서 목회하다가 소천하신 것으로 되

---

136) (LXX:희랍어 70인경) 'εἶπεν ὁ κύριος τῷ κυρίῳ μου (LXX)' 신약 희랍어 성경은 70인경과 비교할때에 ὁ κύριος 부분만 다르다. 그 외 에는 모두 동일하다.

어있다.137) 그가 요한복음을 기록할 당시는 그리스도께서 승천하신 이후이다.138) 그가 그리스도를 하나님이시면서 하나님의 아들로 깨닫게 된 것은 전적으로 하나님께서 그에게 보여주신 그리스도에 대한 계시의 결과이다(요한복음 10장 30절; 10장 7-18절; 17장 요한 일서 1장 1-4절). 사도 요한이 구성한 요한복음 1장 1-18절은 그러한 하나님의 계시에 기초하여서 그가 기록했을 것으로 사려 된다. 사도 요한은 태초에 하나님과 함께 계신 하나님으로서(Εν ἀρχῆ ὁ λόγος ἦν πρὸς τὸν Θεόν καὶ Θεὸς ἦν ὁ λόγος) 그리스도를 묘사하고 있다(요한복음 1장 1절). 만물의 중보자로서 그가 모든 만물을 창조하신 창조주로 묘사하고 있다(요한복음 1장 3절). 그리고 사도 요한은 세례 요한을 언급하면서 '저가 증거 하러 왔으니 곧 빛에 대하여서 증거하고 모든 사람으로 자기를 인하여 믿게 하려 함이라 그는 이 빛이 아니요 이 빛에 대하여서 증거 하러 온자라' (οὗτος ἦλθεν εἰς μαρτυρίαν ἵνα μαρτυρήση περὶ τοῦ φωτός, ἵνα πάντες πιστεύσωσιν δι' αὐτοῦ οὐκ ἦν ἐκεῖνος τὸ φῶς ἀλλ' ἵνα μαρτυρήση περὶ τοῦ φωτός.)라고 진술하고 있다. 세례 요한은 신구약 경륜을 나누는 중요한 인물이다.139) 그는 구약의 마지막 선지자였다(마태복음 11장 9절, 11장 13절). 그리스도께서 세례 요한으로부터 세례를 받으시고 십자가에 죽으시고 부활하심으로서 구약의 경륜을 완성하시고 새 언약을 통하여서 열방 가운데 심기워질 하나님의 교회를 세상에 드러내셨다.140) 그러므로 세례 요한의 그리스도에게 베풀었던 세례는 신구약 경륜의 크나큰 분기점이 되었다. 그리스도께서 세례 요한으로부터 세례를 받으심으로서 은혜 언약의 중보자로서 공적 사역을 시작하셨다. 그러므로

---

137) I. Howard Marshall, New Bible Dictionary, 3rd edition, IVP, p. 593.

138) Ibid., p. 601.

139) Ioannus Calvinus, Inst (1559) Lib.II. cap.ix. ver.5:'Iam inter legem et evangelium interpositus fuit Ioannes, qui medium obtinuit munus et utrique affine.'

140) Ibid., Lib.II. cap.ix. ver.5:'Sed quod exorsus est, non nisi Christo in coelestem gloriam recepto liberiore progressu per apotolos completum est.'

그가 언약의 머리가 되시고 모든 후사의 맏아들이 되신다(로마서 8장 29절).

사도 요한은 그의 서신 요한복음 1장 14, 17, 18절을 통하여서 그리스도의 성육신과 신구약 언약의 차이점과 그리스도의 신분에 대하여서 증거하고 있다.

첫 번째 그리스도의 성육신이 14절에서 진술되고 있다. '말씀이 육신이 되었다' (ὁ λόγος σὰρξ ἐγένετο)고 하는 것은 신비 중의 신비이다. 이것은 인류 역사 전체를 덮고도 남을 정도로 신비스러운 일이다. 어떻게 하나님의 로고스가 인간이 되셨는가 하는 것이다. 그러므로 사도 바울은 그의 서신에서 '그리스도는 하나님의 비밀이다' (Χριστὸς ἐστι τὸ μυστηρίον τοῦ Θεοῦ)라고 하였다(골로새서 2장 2절).

두 번째 17절은 그리스도께 오신 이후의 경륜과 그 이전의 경륜 상의 차이점을 말하는 것이다. 그러므로 율법은 모세를 통하여서 주어진 것이고 복음은 그리스도를 통하여서 온 것이다. 희랍어 성경은 '주어진 것' (ἐδόθη)과 '온 것' (ἐγένετο)을 분명하게 구분하고 있다. 그러므로 옛 언약은 은혜 언약에 첨가된 것이고 새 언약의 은혜 언약이 온 것이다. 그것은 그리스도 안에서 복음으로 드러난 새 언약이 은혜 언약의 실체라고 하는 것이다.

이것은 히브리서 3장 5-6절과 연결이 된다.

'(5) 또한 모세는 장래에 말할 것을 증거 하기 위하여서 하나님의 온 집에서 사환으로 충성하였고 (6) 그리스도는 그의 집 맡은 아들로 충성하였으니······'

이 본문에서도 대조를 이루고 있는 부분은 '하나님의 온 집에서 사환으로 충성한' (Μωυσῆς μὲν πιστὸς ἐν ὅλῳ τῷ οἴκῳ αὐτοῦ ὡς θεράπων) 모세와

'하나님의 집을 맡은 아들로 충성하신'(Χριστὸς δὲ ὡς υἱὸς ἐπὶ τὸν οἶκον αὐτοῦ) 그리스도의 현격한 차이점이다. 한 사람은 종으로서 섬김 것이고 한 분은 하나님의 독생하신 아들로서 그 유업을 이을 맏아들로서 섬긴 것이다(히브리서 1장 6절). 이러한 크나큰 차이가 율법과 복음의 차이를 말하는 것이다.

세 번째 18절에서 사도 요한은 그 그리스도께서 독생하신 하나님이심을 (μονογενὴς Θεὸς) 증거하고 있다. 사도 요한은 이미 그리스도께서 하나님 되심을 알고 있었고 그가 하나님과 한 실체이심을 증거 하였다(요한복음 10장 30절). 사도 요한은 그의 서신 17장에서 그리스도의 겟세마네 동산에서의 기도의 내용을 자세하게 기록하고 있다.

요한복음 17장 2절에 그리스도께서는 '아버지께서 아들에게 주신 모든 자에게 영생을 주게 하시려고 만민을 다스리는 권세를 아들에게 주셨음이로소이다.' (καθὼς ἔδωκας αὐτῷ ἐξουσίαν πάσης σαρκός, ἵνα πᾶν ὃ δέ δωκας αὐτῷ δώσῃ αὐτοῖς ζωὴν αἰώνιον)라고 아버지 하나님께 기도하시는 내용이 있다. 이 본문에서도 '아버지께서 아들에게 주셨다'(ὃ δέδωκας αὐτῷ)라고 하는 부분은 결국 구속 사역의 방식이 어떠한가를 알 수 있다. 그것은 성부께서 성자 안에서 구속 사역을 이루어 가시는 것이다. 그리고 이러한 본문을 유추하여서 결국 구속의 주체가 성부라고 할 때에 그 방식은 성부께서(God the Father) 성자 안에서(In God the Sonne) 성령에 의하여서(By God the Spirit) 그의 구속 역사(役事)를 이루어 가시는 것이다. 이러한 성삼위일체 사역의 방식은 관계적이기는 하지만 우연적이지는 않다.

그러한 성삼위일체 하나님의 사역의 방식은 영원하며 변함이 없이 그러하시다. 그러기에 그러한 사역의 방식이 관계적이기는 하지만 우연적이지 않다. 오히려 성삼위일체 하나님의 외적 사역은 통일적이다. 그 방식에 있어서 관계적으로 상대성이 있다고 해도 그러한 관계적인 사역의 방식이 외적으로 역사의 형태로 드러날 때에는 경륜적으로 나뉘는 것이 아니라 변함없이 그러한 방식 안에서 통일적이다.

그러므로 창조는 성부가 구속은 성자가 그것에 대한 적용은 성령이 하신다는 표현은 부적절하다. 오히려 창조는 성부가 주체가 되셔서 성자 안에서 성령에 의하여서 이루신 것으로 그리고 구속은 성자가 주체가 되셔서 성부로부터 성령을 통하여서 이루신 것으로 볼 수 있다. 그와 같이 구속의 적용과 성도들의 구원의 서정에 대한 역사는 성령께서 주체가 되셔서 성부와 성자로부터 역사하시는 그러한 방식으로 보는 것이 성삼위일체 하나님의 피조물에 대한 사역의 방식의 관계성과 함께 외적 사역의 통일성이 보존되는 방식이다.141)

② 은혜 언약의 중보자로서 그리스도

하나님의 말씀 안에 계시된 성삼위일체 하나님의 계시적 방식의 신비는 하나님의 독생자 이신 그리스도께서 세상에 오심으로서 더욱 판명하게 드러났다. 그러므로 신구약의 차이점이라면 그 경륜상의 계시의 판명성의 차이일 뿐이다.142) 오히려 신구약 성경의 모든 언약의 실체는 동일하다.143) 구약의

---

141) Dr. Herman Bavinck, **Magnalia Dei,** Kampen, 1938, p. 251:'Daarom is in de derde plaats in den raad Gods ook de uitwerking en toepassing van de door Christus verworven zaligheid bepaald. Het plan der verlossing is door den Vader in den Zoon, maar ook in de gemenschap des Geestes vastgesteld. Gelijk toch de schepping in de voorzienigheid uit den Vader, door den Zoon en in den Geest tot stand komt, zoo vindt ook de herschepping alleen door de toepassende werkzaamheid des Heiligen Geestes plaats. Hij is het immers, die door Christus verworven, beloofd en geschonken wordt, Joh. 16 :7, Hand. 2 :4, 17, die van Christus getuigt en alles uit Christus neemt, Joh. 15 : 26, 16 : 13, 14 en die nu in de gem3eente werkt de wedergeboorte, Joh. 3 : 3, het geloof, 1 Cor. 12 :3, het kindschap, Rom. 8 : 15, de vernieuwing, Tit. 3 : 5, de verzegeling tot den dag der verlossing, Ef. 1 : 13, 4 : 30.'

142) Ioannus Calvinus, Inst (1559) Lib.Ⅱ. cap.xi. ver.4:'Alterum veteris et

교회와 신약의 교회는 본질적으로 하나이다. 그 교회의 머리가 그리스도이시고 그 언약은 은혜 언약이다.144) 그리고 그러한 은혜 언약을 맺으신 주체자는 성삼위일체 하나님이시다. 그러므로 은혜 언약은 성삼위일체 하나님과 중보자이신 그리스도께서 맺으신 구속 언약에 기초 한다.145) 그리스도의 공로가 없다고 하면 은혜 언약은 효력을 발휘할 수 없다. 그렇다고 하면 그리스도께서 어떻게 삼위일체 하나님의 한위로 계시면서 자기 자신과 구속 언약을 맺으시는가 하는 것이다. 이것이 그리스도에 대한 신비이다.

성 어거스틴은 그의 저서 '삼위일체론' (De Trinitate Dei)에 그에 대한 바른 성경 해석을 우리에게 제시하고 있다.

어거스틴은 '성자는 어떻게 성부보다 작으시고 자기보다 작으신가?' 라고 묻고 말하기를 '내가 말한 대로, 우리의 선배들은 성경의 이러한 그리고 동일한 증거들을 통하여서 그것을 자유롭게 이용해서 이단자들의 오류와 궤변을 반박하였다. 이러한 증거들은 우리의 믿음에 대하여서 삼위일체의 동등성과 일체성을 알려준다. 그러나 그것은 거룩한 문헌 안에서 우리의 구원의 역사를 이루시고자 하나님의 말씀이 육신이 되셨다(요한복음 1장 14절). 그가 하나님의 중보자로서 인간이신 예수 그리스도이시다(디모데전서 2장 5절).

---

novi testamenti discrimen statuitur in figuris; quod illud, absente veritate, imaginem tantum et pro corpore umbram ostentabat; hoc praesentem veritatem et corpus solidum exhibet.'

143) *Ibid.*, Lib.II. cap.x. ver.2:'Patrum omnium foedus adeo substantia et re ipsa nihil a nostro differt, ut unum prorsus atque idem sit.'

144) *Ibid.*, Lib.II. cap.x. ver.2:'Deinde, foedus quo conciliati Domino fuerunt, nullis eorum meritis, sed sola Dei vocantis misericordia fuisse suffultum. Tertium, et habuisse ipsos et cognovisse mediatorem Christum, per quem et Deo coniungerentur, et promissionum eius compotes forent.'

145) Louis Berkhof, Systematic Theology, p. 268.'……the covenant of redemption is the eternal basis of the covenant of grace.………'

그리고 그것은 아들 보다 크신 아버지를 의미하는 것이다.' 146)라고 말하고 나서, 그러므로 성경에 대한 탐구를 게을리 하거나 성경 전체의 취지를 검토하지 않는 자들의 어리석음을 책망하고 있다.147)

그 본문에서 어거스틴은 성자께서 어떻게 성부보다 작으시며 자기 자신보다 작으신 가를 논증하고 있다. 정통 교회의 반대자들은 '성자를 성부보다 작다고 주장한다.' (Et illi quidem dicunt minorem Filium esse quam Pater est)고 한다. 그 이유는 그리스도께서 친히 '아버지는 나보다 크시니라' 고 하신 말씀이 성경에 있기 때문이다(요한복음 14장 28절).148)

이에 대하여서 어거스틴은 빌립보서 2장 7절을 예로 들면서 '다음과 같은 표현으로 성자께서 성부로부터 작으실 뿐만 아니라 자기 자신으로부터도 작으시다는 것을 진리가 나타낸다. 그것은 '자기를 비어 종의 형체를 가지셨다.' 고 말하고 있다(빌립보서 2장 7절).149)

어거스틴은 이 말씀을 통하여서 볼 때 성자께서 성육신 하신 이후에 그

---

146) S Aureli Augustinus, De Trinitate Dei, Lib.I. cap.vii. ver.14:'*Filius quomodo minor Patre ac se ipso.* His et talibus divinarum Scripturarum testimoniis, quibus, ut dixi, priores nostri copiosius usi, expugnaverunt haereticorum tales calumnias vel errores, insinuatur fidei nostrae unitas et aequalitas Trinitatis. Sed quia multa in sanctis Libris propter incarnationem Verbi Dei, quae pro salute nostra reparanda facta est, ut mediator Dei it hominum esset homo Chritus Jesus (1 Tim ii. 5), ita dicuntur, ut majorem Filio Patrem significent,············'

147) *Ibid.,* Lib.I. cap.vii. ver.14

148) *Ibid.,* Lib.I. cap.vii. ver.14:'quia scriptum est ipso Domino dicente, Pater major me est(Joan xiv. 28).'

149) *Ibid.,* Lib.I. cap.vii. ver.14:'Veritas autem ostendit secundum istum modum etiam se ipso minor factus est, qui semetipsum exinanivit, formam servi accipiens? Neque enim sic accepit formam servi, ut amitteret formam Dei, in qua erat aequalis Patri.'

자신보다도 작아지셨다고 할 수 있지 않겠는가라고 하면서 그것은 성자께서 종의 형체를 취하셨다고 하는 의미로 해석하고 있다. 성부와 동등하신 성자께서 종의 형체를 가지시고 지상에 오셨을 때에 그가 자신을 아버지보다 작다 즉 아버지께서 자신보다 크시다고 하셨다. 그러나 그리스도께서 종의 형체를 가지고 오셨을지라도 하나님의 형체를 잃어버리시지 아니하셨기 때문에 그가 하나님의 형체로서는 성부와 동등하시지만 종의 형체로서는 신인이신 중보자 그리스도로서 성부보다 작으시다는 것이다. 그러므로 그리스도께서 하나님의 형체로서는 자신보다 크시고 종의 형체로서는 자신 보다 작으시다는 것이 합당하다.150) 그러므로 성경에서 성자를 성부와 동등하시다고 하며 또 성부를 성자 보다 크시다고 하는 것은 이유가 없지 않다. 앞부분은 하나님의 형체에 대한 것이고 후반부는 인간의 형체에 대한 것이다. 어거스틴은 사도 바울이 빌립보 교회에 보낸 서신에 기록된 증거를 통하여서 그 난제를 해결하고 있다. '그는 근본 하나님의 본체시나 하나님과 동등 됨을 취할 것으로 여기지 아니하시고 오히려 자기를 비어 종의 형체를 가져 사람들과 같이 되셨고, 사람의 모양으로 나타나셨느니라' (빌립보서 2장 6-8절).

이 본문에 대하여서 어거스틴은 다음과 같이 진술하고 있다.

'따라서 하나님의 아들은 아버지 하나님과 본성이 동등하지만 그 모양으로는 성부보다 작으시다. 성자가 취한 종의 형체로서는 성부보다 작으시고 종의 형체를 취하시기 전에 가졌던 하나님의 형체로서는 성부와 동등하시다.' 151)

---

150) *Ibid.*, Lib.I. cap.vii. ver.14:'Si ergo ita accepta est forma servi, ut non amitteretur forma Dei, cum et in forma servi et in forma Dei idem ipse sit Filius unigenitus Dei Patris, in forma Dei aequalis Patri, in forma servi mediator Dei et hominum homo Christus Jesus; quis non intelligat quod in forma Dei etiam ipse se ipso major est, in forma autem servi etiam se ipso minor est?'

151) *Ibid.*, Lib.I. cap.vii. ver.14:'Est ergo Dei Filius Deo Patri natura aequalis, habitu minor. In forma enim servi quam accepit, minor est Patre: in forma autem Dei in qua erat etiam antequam hanc accepisset,

'그 분은 하나님의 형체로서는 만물을 지으신 말씀이시었고(요한복음 1장 3절) 종의 형체로서는 율법 아래에 여인에게서 났으며 율법 아래 있는 자들을 속량하러 오신 중보자이시다(갈라디아서 4장 4-5절). 이와 같이 성자는 하나님의 형체로서는 사람을 만드신 분이시고 종의 형체로서는 사람이 되신 분이시다. 만일 성자 없이 성부가 홀로 사람을 만드신 것이라면 '우리의 형상을 따라 우리의 모양대로 사람을 만들자' 는 말씀이(창세기 1장 26절) 없었을 것이다.' 152)

이러한 어거스틴의 진술을 통하여서 볼 때 우리들은 그리스도의 신성과 인성의 관계성을 깨닫게 되며 이러한 구도에서 17세기 스코틀랜드 종교 개혁자 사무엘 러더 포드 박사가 진술한 '성삼위일체 하나님과 예수 그리스도의 구속 언약' 에 대한 이해를 하게 된다. 153)

그리스도께서 성삼위일체 하나님과 구속 언약을 맺으시는 것은 종의 형체로 오신 언약의 중보자로서 성삼위일체 하나님과 맺으시는 언약이다. 그러므로 그것은 아버지와 아들이 맺으신 언약이 아니고 성삼위일체 하나님과 그리스도의 언약이다. 그러므로 구속 언약은 하나님이신 그가 종의 형체를 가지

---

aequalis est Patri.'

152) *Ibid.*, Lib.I. cap.vii. ver.14:'In forma Dei, Verbum per quod facta sunt omnia(Joan 1, 5): in forma autem servi, factus ex muliere, factus sub Lege, ut eos qui sub Lege erant, redimeret(Galat iv. 4, 5).Proinde in forma Dei fecit hominem; in forma servi factus est homo. Nam si Pater tantum sine Filio fecisset hominem, non scriptum esset.·········(Gen I. 26)'

153) Samuel Rutherford, p. part.ii. 308:'Whether there be any such thing as a Covenant of suretyship or Redemption between JEHOVAH and the Son of God:······No doubt, Christ God-Man is in Covenant with God, being a person designed from eternity, with his own consent, and in time teelding there unto, and yet he stands not in that Covenant relation that we stand in: as we shall hear.'

고 인간이 되신 이후에 중보자이신 그리스도로서 성삼위일체 하나님과 언약을 체결하신 것이다.

③ 은혜 언약의 대상으로서 택자들

모세가 하나님의 명령을 따라서 애굽으로부터 이스라엘 백성들을 인도하여서 홍해를 건너고 나서 그들이 하나님의 명령을 따라서 보낸 이스라엘의 정탐꾼들의 악평에 유혹되어서, 통곡하고 애굽으로 돌아가고자 하였을 때에, 눈의 아들 여호수아와 여분네의 아들 갈렙만이 홀로 그러한 악평과 다른 보고를 하기에 이른다(민수기 13장 1절- 14장 10절).

그러나 다수의 정탐꾼들의 악평에 사로잡힌 이스라엘 회중들은 갈렙과 여호수아를 돌려 치려고할 때에, 여호와 하나님께서 회막 가운데 영광중에 나타나셔서 이스라엘을 멸망하시겠다고 하신다. 그때에 모세가 여호와께서 간청하기를 여호와의 영광을 인하여서 이들을 불쌍히 여기시옵시기를 간구한다(민수기 14장 10-19).

여호와께서 모세의 간구를 들으시고 이스라엘 백성들의 죄악을 사하시되, 그들의 범죄로 인하여서 이스라엘 백성들은 광야에서 40년을 머물게 되고 그 곳에서 그 세대 사람들은 여호수아와 갈렙을 제외하고 다 죽임을 당하게 된다(민수기 14장 20-35절).

그리고 가나안 지경이 바라다 보이는 곳에서 모세는 자신의 죽음을 예감하고 새로 일어난 세대들에게 여호와의 말씀을 다시 한번 가르치기에 이른다. 그것이 주로 신명기에 진술되어있다. 그래서 신명기는 재명기라고도 한다(신명기 1장 1-5절).

그때 모세는 하나님의 명령을 모두 가르치고 그 명령에 순종할 것을 권면

하기에 이른다(신명기 1장 19-6장 9절). 그리고 나서 열조의 죄악을 증거하고 그들의 불순종으로 40년간의 기나긴 기간 광야의 생활이 있었음을 증거하고 그러한 그들의 열조의 불신앙을 경계하라고 증거하고 있다(신명기 6장 10-19).

그와 함께 이스라엘이 가나안에 들어갈 때에 그 땅의 거민들을 멀리하여 그들과 혼인을 하지도 말고 그들의 문화에 심취하여서 빠져들지도 말라고 엄히 경계한다. 특히 그 거민들이 섬기는 우상들을 불사르고 제거할 것을 명령하기에 이른다(신명기 7장 1-5절). 그러면서 그는 이스라엘 백성들이 택정함을 받은 것이 어떠한 연유에서 인가 하는 것을 증거 하기에 이른다.

그것이 바로 신명기 7장 6절-11절의 말씀이다.[154]

'너는 여호와 네 하나님의 성민이라 네 하나님 여호와께서 지상 만민 중에서 너를 자기 기업의 백성으로 택하셨나니' (כי עם קדוש אתה ליהוה אלהיך בך בחר יהוה אלהיך להיות לו לעם סגלה מכל העמים אשר על פני האדמה)(신명기 7장 6절).

이 본문은 우리에게 은혜 언약의 대상으로 택자들에 대한 교리를 얻게 된다. 첫 번째 이스라엘은 여호와께 거룩한 백성이라고 하는 것이다(יהוה אלהיך

---

154) '(6) 너는 여호와 네 하나님의 성민이라 네 하나님 여호와께서 지상 만민 중에서 너를 자기 기업의 백성으로 택하셨나니(7) 여호와께서 너희를 기뻐하시고 너희를 택하심은 너희가 다른 민족 보다 수효가 많은 연고가 아니라 너희는 모든 민족 중에 가장 적으니라 (8) 여호와께서 다만 너희를 사랑하심을 인하여 또는 너희 열조에게 하신 맹세를 지키려 하심을 인하여 자기의 권능의 손으로 너희를 인도하여 내시되 너희를 그 종 되었던 집에서 애굽 왕 바로의 손에서 속량하셨나니 (9) 그런즉 너는 알라 오직 네 하나님 여호와는 하나님이시오 신실하신 하나님이시라 그를 사랑하고 그 계명을 지키는 자에게는 천대 까지 그 언약을 이행하시며 인애를 베푸시되 (10) 그를 미워하는 자에게는 당장에 보응하여 멸하시나니 여호와는 자기를 미워하는 자에게 지체하지 아니하시고 당장에 그에게 보응하시느니라 (11) 그런즉 너는 오늘날 내가 네게 명하는 명령과 규례와 법도를 지켜 행할지니라.'(신명기 7장 6-11절)

הוא עם קדש). 히브리어는 '너는 거룩한 백성이다' (הוא עם קדש)로 표현되고 있다. 언약의 백성들을 하나의 단수로 취급하고 있다. 그것은 하나의 공동체로서 교회를 상징하는 것이다.

히브리어 '거룩하다' 고 하는 뜻이 '구별되다.' 혹은 '분리되다.' 라고 하는 뜻도 있다고 할 때에 그것은 교회가 세상으로부터 구별된 공동체라고 하는 것을 상기하고 있다. 그것은 은혜 언약의 공동체이다.

두 번째 이스라엘의 하나님 여호와께서 지상 만민 중에서 그들을 자기 기업의 백성으로 택하셨다고 하는 것이다(עה לכם הלגם מעל מ:המדאה יעפלע רשׁא ם ול תויחל דיהלא הוהי רחב דב). 히브리어 '택하다' (רחב)라고 하는 의미는 구약 70인경에서는 '먼저 취한다' (προείλατο)라고 하는 의미를 가지고 있다.155) 이것은 우리에게 시사하는 바가 크다. 그것은 하나님께서 이스라엘의 모든 상태에 관계없이 그것보다 앞서서 먼저 선택하셨다고 하는 것이다. 70인경의 의미는 구약 히브리어 성경에 대한 희랍어적 해석이라고 할 수 있다. 그리고 그러한 해석의 타당성은 그 다음 구절에서 증거 되고 있다.

'여호와께서 너희를 기뻐하시고 너희를 택하심은 너희가 다른 민족 보다 수효가 많은 연고가 아니라 너희는 모든 민족 중에 가장 적으니라' (신명기 7장 7절).

이 본문은 하나님께서 이스라엘을 선택하신 기준이 없다는 것이다. 그들의 강성한 민족이라거나 하나님을 더 잘 섬길 수 있는 자들이라거나 혹은 그들 자신으로부터 무엇인가 이점(merit)이 있어서 그들이 선택 된 것이 아니라는 사실이다. 오히려 하나님께서는 이스라엘을 평가하실 때 모든 민족 중에 가장 작은 민족(little nation)이라고 평가하신다(מימעה לכם טעמה מרא־יכ). 히브리어 '적다(מרא)' 고 하는 의미는 단순히 숫자의 적음뿐만 아니라 그것

---

155) 'καὶ σὲ προείλατο κύριος ὁ Θεός σου εἶναί σε αὐτῷ λαὸν περιούσιον παρὰ πάντα τὰ εθνη, οσα ἐπί προσώπου τῆς γῆς'(LXX Deut 7. 6.)

의 규모와 그 상태가 작고 연약하다고 하는 의미를 포괄하는 것이다. 이에 대응하는 구약 70인경(LXX) 성경은 '매우 작다' (ὀλιγοστός)라고 하는 표현을 사용하고 있다. 그것은 가치가 거의 없는 것을 의미하기도 한다. 그렇다고 하면 하나님께서 이스라엘을 선택하실 때 그 기준은 거의 없는 것이다.156) 오직 그 선택의 기준은 그 다음 구절에서 분명하게 제시하고 있다.

'여호와께서 다만 너희를 사랑하심을 인하여 또는 너희 열조에게 하신 맹세를 지키려 하심을 인하여 자기의 권능의 손으로 너희를 인도하여 내시되 너희를 그 종 되었던 집에서 애굽 왕 바로의 손에서 속량하셨나니' (신명기 7장 8절).

첫 번째 하나님께서 이스라엘을 선택하신 이유는 오직 그 하나님의 사랑하심에 기초한다. 그것은 하나님 편에서의 독자적이고 주권적인 행위이시다. 이스라엘이 스스로 하나님께 나아간 것이 아니라 하나님께서 이스라엘의 상태와 관계없이 그의 사랑에 기초하여서 이스라엘을 선택하신 것이다.157) 오히려 그들의 상태는 모든 인류와 동일한 그 부패성을 가지고 있었다.

사도 바울은 로마서에서 하나님의 사랑에 대하여서 증거하고 있다. '우리가 아직 죄인 되었을 때에 그리스도께서 우리를 위하여 죽으심으로 하나님께서 우리에게 대한 자기의 사랑을 확증하셨느니라' (συνίστησιν δὲ τὴν ἑαυτοῦ ἀγάπην εἰς ἡμᾶς ὁ Θεὸς ὅτι ἔτι ἁμαρτωλῶν ὄντων ἡμῶν Χριστὸς ὑπὲρ ἡμῶν ἀπέθανεν, 로마서 5장 8절)

---

156) Canones Synodi Dordrechtanae, A.D. 1618. Article. Primus. vii:'하나님의 선택은 불변하신다. 하나님께서는 그러한 불변하시는 목적을 가지시고 창세전에 그 자신의 의지의 기뻐하시는 선하신 뜻을 따라서 단지 은혜로서, 전 인류로부터 얼마를 선택하셨다. 그리고 그들을 그리스도에 의하여서 구원을 받도록 그리스도에게 주시고 효과적으로 부르셔서 그들을 성령과 말씀에 의하여서 성도의 교제 가운데 들어가게 하셨다.'

157) Ioannus Calvinus, Inst (1559) Lib.Ⅱ. cap.xxii. ver.1.

로마서 5장 8절과 신명기 7장 7-8절의 공통점은 하나님의 사랑을 받는 대상이 결코 어떤 이점(merit)이 없다고 하는 것이다.

구약 이스라엘 백성들을 선택하실 때에 여호와께서 그들을 선택하신 것은 그들의 어떠한 이점을 보고서 선택하신 것이 아니다. 오히려 그들은 모든 민족 중에서 지극히 작은 자들이었다. 그와 같이 새 언약의 성도들을 부르실 때에 하나님께서 그들의 어떠한 선한 상태를 보고 선택하신 것이 아니다. 그들이 오히려 죄인 된 상태로 여전히 있었을 때에 그리스도께서 위하여서 죽으심으로서 하나님께서 그 자신의 사랑을 그의 택자들에게 확증하신 것이다.

사도 바울은 에베소서 1장 4절에서 하나님께서 '창세전에 그리스도 안에서 우리를 택하셨다' (καθὼς ἐξελέξατο ἡμᾶς ἐν αὐτῷ πρὸ καταβολῆς κόσμου)고 증거하고 있다.

이것을 통하여서 택자들의 선택의 시점과 그 방식에 대하여서 알 수 있다. 첫 번째 하나님의 선택의 시점은 창세 이전이라고 하는 것이다. 그것은 하나님께서 타락한 자들 중에서 선택을 하셨다는 것이 아니라 타락하기 이전 즉 창세전에 이미 선택을 하셨다는 것이다. 웨스트민스터 신앙 고백은 다음과 같이 택자들의 선택 시기에 대하여서 진술하고 있다.

'선택된 그들이 아담 안에서 타락하고 그리스도에 의하여서 구속되었다.' 158)

이러한 진술로 미루어 볼 때에 웨스트민스터 신앙 고백은 타락 이전에 선택이 있었다고 고백하고 있다. 그것은 '창세전에' (πρὸ καταβολῆς κόσμου)라고 하는 사도 바울의 가르침과 같은 맥락에서 진술하고 있는 것이다.

---

158) Westminster Confession of Faith. Chap.III .ver.6.:'Wherefore they who are elected being fallen in Adam, are redeemed by Christ;'

두 번째 그 방식은 그리스도 안에서 이루어진 것이다. 그것은 하나님의 선택의 원인이 그 대상의 어떤 이점(merit)에 기초하지 아니한다는 것이다159). 오직 그리스도의 공로에 기초한다. 또한 다른 구절에서도 사도 바울은 분명하게 언급하고 있다. '그 자식들이 아직 나지도 아니하고 무슨 선이나 악을 행하지 아니한 때에 택하심을 따라 되는 하나님의 뜻이 행위로 말미암지 않고 오직 부르시는 이에게로 말미암아 서게 하려 하사' (로마서 9장 11절). 이러한 구절을 통하여서 알 수 있는 것은 선택의 원인은 오직 하나님의 자유로우시고 기뻐하시는 뜻에 기초한다. 160)

4 은혜 언약의 내용으로서 '하나님이 우리와 함께 하심'

히브리어 임마누엘(לא ונמו)은 이사야 7장 14절에 기록되어있다. 그리고 그러한 임마누엘이라고 하는 기록은 사도 마태가 마태복음 1장 23절에서 그리스도의 탄생과 관련하여서 천사장 가브리엘이 요셉에게 현몽하여서 말씀하실 때 인용한 것을 기록한 것이다(마태복음 1장 18-24절). 임마누엘(לא ונמו)의 히브리적 표현은 '하나님이 우리와 함께 하신다' 고 하는 것이다. 희랍어 신약 성경에서는 그것을 그대로 음역(音譯)하여서 '임마누엘(Εμμανουελ)' 이라고 하였다.

'하나님께서 우리와 함께 하신다.(לא ונמו)' 고 하는 언약의 말씀은 구약 성경 창세기 17장 7절에서 처음 언급되고 있다.161) 그리고 그 이후에 모세가 부르심을 받고 애굽으로 돌아가서 애굽왕 바로를 만나고 나와서 이스라엘 백성들에게 오히려 모세가 곤욕을 치른 후에 모세가 여호와께 간구 할 때에 여

---

159) *Ibid.*, Lib.II. cap.iii. ver.8.

160) *Ibid.*, Lib.II. cap.xxii. ver.7.

161) '내가 내 언약을 나와 너와 네 대대 후손의 사이에 세워서 영원한 언약을 삼고 너와 네 후손의 하나님이 되리라'(창세기 17장 7절)

호와께서 말씀하시는 내용으로 되어있다(출애굽기 6장 1-8절). 그리고 그 이후에 레위기에서는 여러 번 임마누엘의 하나님으로서 하나님께서 자신을 드러내시고 있다(레위기 11장 45, 18장 2절, 19장 2절, 22장 33절, 25장 38절, 26장 12절, 26장 44절). 그리고 민수기에서도 동일하게 반복되고 있다(민수기 10장 10절, 15장 41절). 신명기에서는 신명기 29장 13절에서 언급하고 있다. 시편에서는 시편 97편 7절과 시편 99편 8절 그리고 시편 100편 3절과 시편 105편 7절에서 어느 정도 임마누엘의 하나님에 대하여서 증거하고 있다. 그리고 이사야 선지서에서 서너 번 언급하고 있는(이사야 7장 14절, 8장 10절) 임마누엘의 하나님에 대한 내용이 예레미야서에는 자주 언급되고 있고 (예레미야 7장 23절, 24장7절, 30장22절, 31장 33절, 32장 27절, 32장 38절) 에스겔서는 더욱 많이 언급되고 있다(에스겔서 14장 11절, 20장 5절, 20장 19절, 28장 9절, 34장 30절, 34장 31절, 36장 28절, 37장 23절, 37장 27절).

신약 성경에서는 마태복음 1장 23절에서 한번 언급한 이후로 거의 기록이 없다가 요한 계시록에서 두 번 언급하고 있다(요한 계시록 21장 3절, 21장 7절). 구약을 통해서 볼 때 은혜 언약의 내용은 구약 전체에 걸쳐서 자주 인용되고 있다고 할 수 있다. 그러나 신약에서는 그러한 은혜 언약의 실체이신 그리스도께서 오심으로서 구약의 그러한 약속들이 성취된 것으로 볼 수 있다. 그리고 신약의 마지막 서신인 요한 계시록 21장에서 그러한 은혜 언약이 새 하늘과 새 땅의 도래를 인하여서 실현될 것으로 보고 있다. 은혜 언약의 모든 역사와 경륜의 큰 약속은 이것이다. 그것은 나는 너의 하나님이 될 것이고 또 네 후손의 하나님이 될 것이라고 하는 것이다(창세기 17장 7, 8). 이 언약 안에 구원의 전 역사의 성취와 적용을 포함하고 있다.162)

(2) 구약과 신약의 성례에 대한 은혜 언약의 경륜상의 차이점

---

162) Dr. Hermann Bavinck, Magnalia Dei, p. 257:'De eëne groote, allesomvattende belofte van het genadeverbond is deze: Ik zal uw God zijn en de God van uw zaad,Gen17:7,8. en daarin is alles begrepen, de gansche verwerving en toepassing der zaligheid,'

[1] 은혜 언약의 경륜상의 차이점

구약과 신약의 경륜을 나누는 분기점은 그리스도이시다. 그리스도께서 성육신하시기 이전을 구약의 경륜이라고 하고, 그 이후를 신약의 경륜이라고 한다.

옛 언약아래에서는 모형들 상징들과 그림자들로서 육체로 오시기 전의 그리스도가 예표 되어 있다.(히브리서 8장 4,5) 그리고 우리 조상들은 그러한 예표들을 통하여서 오실 자이신 그리스도를 믿음으로서 영원한 생명이 주어지도록 되어 있었다. 새 언약 아래에서는 그리스도께서 육체로 오셨고, 옛 언약에 속한 절기와 모형들과 그림자들은 폐지되었다. 그리고 그리스도 안에서 믿음으로 영원한 생명이 주어지도록 되었다. 그리고 이것을 특별하게 복음이라고 부른다(골로새서2장 16,17,20; 히브리서 9장1,2,3).163)

옛 언약 아래에서 지상적 약속들은 유년기의 구약의 교회에게 주어졌으나 궁극적으로는 지상적인 것에 소망을 두도록 주어진 것이 아니다. 오히려 그러한 것들은 영원한 것을 표상하는 모형으로서 주어진 것이다.164) 그것은 하나님께서 아브라함과 언약을 하실 때에 자신을 '아브라함의 방패와 지극히 큰 상급으로 묘사하고 있는 것을 통하여서 알 수 있다.' (דאם הברה דרכש דל זומ יכבא, 창세기 15장 1절)165) 그럴 뿐만 아니라 구약의 선지자들은 하나님

---

163) Thomas Cartwright, **A Treatise of Christian Religion or the whole bodie and substance of Divinitie**, London,1616, p 168.

164) Ioannus Calvinus, Inst (1559) Lib.II. cap.xi. ver.2:'Abraham ergo, Isaac et Iacob, corumque posteritatem quum in spem immortalitatis cooptaret, terram Canaan in haereditatem illis promisit: non in qua spes suas terminarent, sed cuius aspectu in spem verae illius, quae nondum apparebat, haereditatis se exercerent ac confirmarent.'

165) 'εγὼ υπερασπίζω σου ο μισθός σου πολὺς εσται σφόδρα' (LXX)
    'ego protector tuus sum et merces tua magna nimis'(Vulgata)

으로부터 받는 현세의 축복에 대하여서 것을 예표적인 것으로 돌리고 더 나은 소망을 증거 하였다. 그러므로 구약에 기록되어있는 예루살렘 성전에 여러 가지 귀중한 것들이 넘쳐나고 시온산에 보물이 가득하다고하는 것은 이 지상에서 머무르고 사라질 것을 의미하는 것이 아니라 영원한 것을 예표 하는 것이다. 그것은 참으로 신자들의 영원한 도성이 하나님 나라에서 주님께서 베푸실 영원한 복을 의미하는 것이다.166)

히브리서는 신구약의 경륜의 차이점에 대한 중요한 원리와 내용을 계시하고 있다. 히브리서 1장 1-2절은 신구약 경륜의 차이점에 대한 하나의 중요한 단서를 제공한다. 그것은 옛 언약에서는 여러 경륜의 시대에서 다양한 방식으로 선지자들을 통하여서 하나님의 말씀이 증거 되었다는 것이다. 그리고 새 언약에서는 이 모든 날 마지막에 아들 안에서 그러한 말씀이 증거 되었다는 것이다.(히브리서 1장 1-2)

히브리서 기자는 신약 안에 성도들에게 권고하기를 구약 시대에 천사들로 하신 말씀이 견고하게 되어 모든 범죄 함과 순종치 아니함이 공변된 보응을 받았다면 우리들이 신약 시대 안에 이러한 큰 구원을 등한히 여기면 더욱 크나큰 하나님의 진노를 피할 수 있겠는가라고 역설하고 있다.(히브리서 2장 2-3절)

  'I am your shield, your very great reward.'(NIV)
  'I am thy shield, and thy exceeding great reward.'(KJV)

166) Ioannus Calvinus, Inst (1559) Lib.II. cap.xi. ver.2:'Hanc tamen futuri saeculi beatitudinem prophetae saepius sub typo quem a Domino acceperant, describunt.……quod pii haereditate possidebunt terram, scelerati autem ex ea disperdentur; quod Ierusalem omne genus divitiis abundabit, et Sion rerum omnium copia diffluet. Quae omnia videmus non in terram peregrinationis nostrae, aut in terrestrem Ierusalem proprie competere, sed in veram patriam fidelium ac coelestem illam civitatem, in qua Dominus benedictionem et vitam mandavit in perpetuum(Psal.133.3)'

그러므로 히브리서 기자는 그리스도를 새 언약의 대제사장으로 묘사하고 있다.(히브리서 3장 1절) 그러면서 모세와 그리스도를 비교하고 나서 모세보다 우월하신 분으로서 그리스도를 소개하고 있다.(히브리서 3장 5-6절) 또한 멜기세덱의 반차를 좇아오신 그리스도께서 가시적 예루살렘 성전에 속한 레위 지파의 제사장들 보다 우월하시다는 사실을 증거 하면서 레위 족보에 들지 아니한 멜기세덱은 아브라함에게서 십분의 일을 취하였고 그 약속을 얻은 그를 위하여서 복을 빌었다는 것이다. 그것은 낮은 자가 높은 자에게 복을 구한다고 할 때에 멜기세덱은 레위 지파의 아론의 반차를 따라 제사장의 직무를 수행한 가시적 예루살렘의 제사장들 보다 우월하시다는 것이다.(히브리서7장 1-10절)167)

그러므로 히브리서 기자인 사도 바울은 '율법은 아무 것도 온전케 못할지라 이에 더 좋은 소망이 생기니 이것으로 우리가 하나님께 가까이 가느니라' 고 하였다.(히브리서 7장19절) 그리고 이러한 율법은 장차 오는 좋은 일의 그림자고 참 형상이 아니라고 선언하기에 이른다.(히브리서 10장 1절) 그러므로 사도 바울은 이러한 구약의 교회를 유년기의 교회로 묘사하면서 그리스도께서 오시기 전에 율법의 보호와 지도 아래 그리스도에게로 인도되는 그러한 교회로 말씀하고 있다.(갈라디아서 3장 24절; 4장 1-2절)168) ·

그러나 새 언약 아래에서 교회는 더 이상 옛 언약의 예법과 방식으로부터 벗어나게 되었다. 새 언약 아래에서 드러나는 몇 가지 특징은 그리스도 안에

---

167) *Ibid.,* Lib.II. cap.xi. ver.4.:'Alterum veteris et novi testamenti discrimen statuitur in figuris; quod illud, absente veritate, imaginem tantum et pro corpore umbram ostentqabat; hoc praesentem veritatem et corpus solidum exhibet.……Nam quum aeternum illi deferatur sacerdotium, certum est aboleri sacerdotium illud ubi alii aliis successores quotidie substituebantur.'

168) *Ibid.,* Lib.II. cap.xi. ver.5.:'Hinc liquet quo sensu dixerit apostolous(Gal.3,24 et 4,1), legis paedagogia deductos fuisse Iudaeos ad Christum, antequam ipse in carne exhiberetur.'

서 유대인과 이방인의 장벽이 무너졌다는 것이다. 옛 언약 시대에서는 주님께서 한 민족을 택하시고 은혜의 언약을 그 민족 공동체에 국한하셨다.169)

그러나 새 언약 아래에서 주님께서는 하나님과 사람 사이에 화해자로 드러나셨고 (갈라디아서 4장 4절), 이스라엘로 국한 되었던 하나님의 자비가 먼데 있는 이방 민족에게 까지 확대되면서 모든 장벽이 무너졌다. 그러므로 하나님과 화목을 이룬 동시에 유대인과 이방인이 하나의 교회로 이루어져가게 되었다. (에베소서 2장 14절)170)

[2] 구약의 성례와 신약의 성례

성례라고 하는 말씀이 희랍어 'μυστηριον'으로부터 왔다고 할 때에, 그것을 라틴어로 번역하면서 신성한 사물에 대하여서 사용하는 'Sacramentum'이라고 하였다.171) 그런데 이러한 성례는 하나님의 약속의 말씀에 대한 하나의 표징이다.172) 그러나 표징은 그 자체로서는 말씀과 구별이 된다.

---

169) *Ibid.*, Lib.II. cap.xi. ver.11.:'Quintum, quod adiungere licet, discrimen in 대 iacet, quod ad Christi usque adventum gentem unam segregaverat Dominus, in qua foedus gratis suae contineret.'

170) *Ibid.*, Lib.II. cap.xi. ver.11.:'At ubi venit plenitudo temporis (Gal 4, 4), instaurandis omnibus destinata, exhibitusque est ille Dei et hominum conciliator: diruta maceria quae tam diu misericordiam Dei intra Israelis fines conclusam tenuerat, annuntiata pax est iis qui procul erant, non secus atque iis qui prope coniuncti; ut Deo simul reconciliati, in unum populum coalescrent (Eph. 2, 14)'

171) *Ibid.*, Lib.IV. cap.xiv. ver.2:'Qua ratione vocabulum hoc usurpaverint veteres in eo sensu, non est obscurum. Nam quoties graecam vocem μ υστηριον latine reddere voluit vetus interpres, praesertim ubi de rebus divinis agebatur, transtulit sacramentu.'

172) *Ibid.*, Lib.IV. cap.xiv. er.6:'Et quando Dominus promissiones suas foedera nuncupat, sacramenta symbola foederum, ab ipsis hominum foederibus imple adduci potest.'

그러므로 성례는 하나님의 언약 안에서 신자들에게 주어진 은혜 언약의 표징이다. 그것은 믿음으로 화합하지 못하면 무가치하다. 성례의 가치성은 오직 하나님의 말씀을 섬기는 것으로 국한된다. 그러므로 성례는 하나님의 교회의 일원으로서 주어지는 은혜 언약의 인장이다.173)

그런데 하나님께서는 이러한 표징을 각 경륜에 따라 다양한 방식으로 각 시대에 맞게 제정하셨다. 아브라함을 통하여서는 그와 그의 후손들에게 할례를 명령하셨다. 그리고 모세의 율법 안에서 결례(레위기11장-15) 그리고 희생 제사와 의식들이(레위기 1-10장) 첨가되었다. 이러한 것들은 그리스도께서 오시기까지 유대인의 성례이다.174)

새 언약의 교회에게 주님께서 제정하여주신 성례는 세례와 주의 만찬이다. 그런데 이러한 새 언약의 성례를 통하여서 그리스도께서 더욱 분명하게 드러나신다. 그러므로 이러한 새 언약의 성례는 그리스도를 우리에게 더욱 분명하게 계시하시고 아버지에 의하여서 약속된 자로서 그를 참되게 증거 하신다.175)

그러나 옛 언약의 성례와 새 언약의 성례는 본질과 실체에 있어서 동일하다. 사도 바울은 고린도 교회에 보낸 그의 서신에서 옛 조상들이 우리와 같은 신령한 양식을 먹었으며 그것은 그리스도 자신으로 상징되는 양식과 음료라고 하는 것이다(고린도 전서 10장 3-4절).176) 오히려 사도 바울은 증거하

---

173) Westminster Confession of Faith. cap. xxviii. ver.1:'······but also to be unto him a sign and seal of the covenant of grace,······'

174) Ioannus Calvinus, Inst (1559) Lib.IV. cap.xiv. ver.20.

175) Ibid., Lib.IV. cap.xiv. ver.22.

176) Ibid., Lib.IV. cap.xiv. ver.23:'Siquidem nihilo splendidius de illis apotolus quam de his loquitur, quum docet (1 Cor. 10, 3), patres eandem nobiscum spiritualem escam manducasse, et escam illam

기를 우리의 옛 언약의 조상들은 우리와 동일한 성례를 우리 보다 앞서서 경험한 자들이라고 말한다(고린도 전서 10장 11절).177) 다만 신구약의 경륜의 차이점 때문에 구약은 예표와 모형으로서 주어졌고 신약은 그러한 모형과 예표의 실체로서 오신 그리스도께서 제정하셨다(히브리서 10장 1절).178)

(3) 세례의 본질과 가치성

[1] 은혜 언약과 세례

세례의 본질은 하나님의 영원하신 작정과 예정 그리고 그 예정 안에서 택자에게 주어진 은혜 언약 그리고 그 은혜 언약의 표징으로서 성례와 그 성례의 한 방식인 세례로 이어지는 하나님의 영원하신 구원의 서정의 한 부분을 이루는 가시적 교회의 외적 표징이다. 그러므로 우리는 이 세례가 하나님의 교회에 가입되는 외적 표징이라는 사실을 깨닫게 된다. 그러기에 세례는 성도들의 신앙에 도움을 주어서 우리로 그리스도 안에서 정결하게 되었다는 표징으로서 확증한다.

은혜 언약은 아담의 타락으로부터 인류에게 주어졌다.179) 그때 그것은 아담에게 주어졌고(창세기 3장15절), 다시 셋의 혈통을 통하여서 노아에게 주어졌다. 온 인류가 전적으로 악하게 되자 하나님께서 노아를 통하여서 새

Christum interpretatur.'

177) Ibid., Lib.IV. cap.xiv. ver.23:' Quidquid ergo nobis hodie in sacramentis exhibetur, id in suis olim recipiebant Iudaei, Christum scilicet cum spiritualibus suisu divitiis.'

178) Ibid., Lib.IV. cap.xiv. ver.23:'Apostoli vero consilium est legem caeremonialem in nihilum redigere, donec ad Christum ventum fuerit, a quo solo pendet tota illius efficacia.'

179) Dr. Herman Bavinck, Magnalia Dei, p. 253:'Zoodra de mensch gevallen is, begint dan ook de raad der verlossing te werken.'

로운 인류를 여시고 그 이전의 모든 인류를 대홍수를 통하여서 멸망 시키셨다.180)

그러나 노아를 통하여서 시작된 새로운 인류는 얼마 있지 않아서 극심한 타락을 겪게 되었고 하나님께서는 그들을 멸망시키는 방식을 택하시지 아니하시고 각자 제 길로 가도록 허락하셨다(창세기 10장 32절; 이사야 53장 6절). 그리고 한 족속을 택하셔서 그들로 하나님의 교회를 이루도록 하셨다.181) 이전까지 하나님의 은혜 언약은 일반적 인류 역사와 함께 흘러왔다.182) 그러나 하나님께서 아브라함을 선택하시고 새로운 형태의 교회를 이루셨을때에 은혜 언약은 인류의 일반사와 구별되었다. 그리고 그러한 은혜 언약의 표징으로서 아브라함과 그 자손들에게 구약의 성례를 허락하시고 그러한 의식법들을 통하여서 가시적 교회의 표징을 삼으셨다.183)

그러므로 아브라함 이후의 은혜 언약은 일반적인 인류 역사와 다른 길을 걷게 되었다. 그리고 그로부터 430년 이후에 모세를 통하여서 십계명과 여러 의식법들을 제정하셔서 이스라엘에게 규례로 주시고 이러한 이스라엘의 언약은 은혜 언약의 예표로서 율법 아래에서 보존되었다.184) 그리고 새 언약 아

---

180) Ibid., p. 258:'Maar toen op die wijze de belofte dreigde te loor te gaan, werd de zondvloed noodzakelij en nam Noah in de ark de belofte mede.'

181) *Ibid.,* p. 258:'Ook toen was die belofte ng een tijd lang algemeen, doch als na den vloed een nieuw gevaar voor den voortgang van het genadeverbond ontstaat, dan verdelgt God de menschen niet meer, maar laat Hij de volken wandelen op hunne eigene wegen, en zondert Hij Abraham af tot een drager der belofte.'

182) *Ibid.,* p. 258:'eene formeele afzondering kwam niet tot stand, algemeene en bujzondere openbaring stroomden nog in êêne bedding voort.'

183) *Ibid.,* p. 258:'Het genadeverbond vindt dan zijne verwezenlijking in de huisgezinnen der aartsvaders, die door de besnijdenis als een zegel van de rechtvaardigheid des geloofs en als een teeken van de besnijdenis des harten van andere volken gescheiden worden.'

래에서 그리스도께서 오심으로서 모세의 율법 아래에서 주어졌던 이스라엘의 언약은 새 언약의 복음 아래에서 완성되고 성취되었다.185)

그리고 그때에 주님께서 사도들을 통하여서 새 언약의 교회에게 옛 언약의 아브라함을 통하여서 주셨던 구약의 성례 의식과 동일한 은혜 언약의 표징으로서 세례를 제정하여 주셨다. 새 언약의 세례는 옛 언약의 아브라함과 그 후손들이 행한 의식과 본질적으로 동일하다. 그러므로 구약의 성례와 신약의 성례는 모두다 은혜 언약에 기초한다고 할 수 있다.

아브라함의 선택 이후에 구별되고 각자 다른 길을 걸었던 은혜 언약과 일반 역사는 그리스도의 성육신 이후에 다시 연합되었다.186) 그리고 그리스도 안에서 은혜 언약과 일반 역사는 이제 서로 하나가 되어가고 있는 것이 현실이다. 그래서 그리스도 안에서 옛 언약 시대에 이스라엘 공동체만이 누리고 있었던 은혜 언약의 혜택이 모든 민족과 열방과 족속들 안에 심기워지게 되었다. 그리고 그것이 새 언약의 교회로서 각 민족과 열방과 족속들 안에서 세워졌고 구약의 성례와 동일한 표징으로서 세례가 주어졌던 것이다. 그러므로 세례는 구약의 성례의 연속과 완성 그리고 성취로서 새 언약에게 교회에게 주어진 은혜 언약의 표징이다. 세례를 통하여서 이스라엘 밖에 모든 자손

---

184) *Ibid.*, p. 258:'Met Israel als het zaad van Abraham wordt dan het genadeverbond aan den Sinai opgericht; maar wijl Israel een volk is en als een heilig volk voor Gods aangezicht moet wandelen, neemt het genadeverbond een nationaal karakter aan en bedient zich van de wet, niet alleen van de zedelijke, maar ook van allerlei burgerlijke en ceremonieele wetten, om het volk als een tuchtmeester te leiden tot Christus.'

185) *Ibid.*, p. 258:'In Christus gaat de belofte in de vervulling, de schaduw in het lichamm, de letter in den geest, de dienstbaarheid in de vrijheid over.'

186) *Ibid.*, p. 258:'Als zoodanig maakt zij van alle uitwendige, nationale banden zich vrij en breidt zich, als in den beginne, wederom tot heel de menschheid uit.'

들은 다시 은혜 언약 안으로 들어오게 되었으며 구약의 이스라엘 공동체와 분간할 수 없는 하나님의 백성이 되었다.

그러므로 그리스도의 성육신하심과 고난당하심과 부활을 통하여서 구약과 신약은 하나의 언약으로서 영원 전부터 그리스도 안에서 예정하신 그 은혜 언약의 실체가 드러난 것이다. 그리고 신약의 성례는 새로운 언약의 경륜에 알맞은 새로운 약속의 외적 표징이 되었던 것이다. 그러므로 세례는 은혜 언약에 기초하며 그 은혜 언약은 하나님의 영원하신 선택에 기초한다. 그리고 택자들에 대한 선택은 하나님의 자유로우시고 기뻐하신 뜻을 따라 작정된 예정에 기초하는 것이다.

[2] 세례의 가치성

그러므로 세례를 통하여서 신자들이 얻게 되는 유익과 그 세례의 가치성은 다음과 같다. 첫 번째 그리스도 안에서 죽고 새로워진다고 하는 표징을 받은 것이다. 이 표징을 통하여서 새 언약의 성도들은 그리스도 안에서 그와 함께 장사되고 다시 새로운 생명에 동참하는 것이다(로마서 6장 4절).[187] 사도 바울은 이러한 그의 증거를 통하여서 새 언약의 성도들은 세례를 통하여서 그리스도와 함께 그들의 정과 욕심을 십자가에 못박고 그의 부활을 따라서 의로 다시 새롭게 일어나는 것이라고 하였다.[188]

두 번째 그러한 세례는 우리가 그리스도와 하나가 되었다는 연합의 표징을 제공한다. 우리의 신앙이 세례를 통하여서 더욱 확실하게 증거를 받고 그

---

[187] *Ibid.*, Lib.IV. cap.xv. ver.5:'Siquidem, ut ait Apostolus (Rom 6, 4), in mortem eius baptizati sumus, consepulti ipsi in mortem, ut in novitate vitae ambulemus.'

[188] *Ibid.*, Lib.IV. cap.xv. ver.5:'Quibus verbis non ad imitationem eius nos solum exhortatur (ac si diceret, admoneri nos per baptismum, ut quodam mortis Christi exemplo, concupiscentiis nostitiam suscitemur), sed rem longe altius repetiti:'

리스도의 죽으심과 살으심에 동참할 뿐만 아니라 그것을 통하여서 그리스도와 연합되어서 우리가 그가 주시는 모든 축복을 받는다는 것이다. 그리스도께서는 세례를 통하여서 교회의 왕과 머리로서 우리와 연합을 이루셨다.189)

세 번째 세례를 통하여서 신자들은 사람들 앞에서 그 자신의 신앙 고백을 증거 하는 것이다. 그러므로 세례는 우리가 공적으로 하나님의 백성으로서 우리 자신의 신앙을 고백하는 표징이다. 그러므로 세례를 통하여서 우리는 모든 기독교인들과 함께 하나의 띠로서 동일한 하나님께서 예배를 드리는 공동체라고 하는 사실을 증거 하는 것이다.190)

(4) 유아 세례의 본질과 그 가치성

[1] 언약의 백성 안에 주어진 유아의 의미

하나님께서 아브라함을 선택하시고 그와 그의 후손들에게 은혜 언약의 표징으로서 구약의 성례를 허락하셨을 때 그것은 그 자신뿐만 아니라 그와 같은 믿음의 자취를 따라갈 모든 후손들이 받을 유업에 대한 보증으로 허락하신 것이다. 그리고 이러한 아브라함이 받은 옛 언약의 표징인 할례와 희생제사들의 실체이신 그리스도께서 오심으로서 새 언약아래에서 세례가 제정되고 그러한 세례는 새 언약의 교회 안으로 가입하는 자들뿐만 아니라 그들의 아이들 까지 포함하여서 시행되었다.

그러므로 주님께서 사도들에게 너희는 가서 모든 족속으로 제자를 삼아 아버지와 아들과 성령의 이름으로 세례를 시행하라고 하셨을 때에 그것은 바로 세례 받을 자의 유아를 포함하는 것이다(마태복음 28장 19-20절). 그것은 유아들이 은혜 언약에 참여하는 권세로부터 제외될 하등의 이유가 없기 때문

---

189) *Ibid.*, Lib.IV. cap.xv. ver.6.
190) *Ibid.*, Lib.IV. cap.xv. ver.13.

이다. 오히려 구약의 유대인의 자녀들도 이방 민족의 유아들과 구별하여서 은혜 언약의 후사로서 구약의 성례에 참여하였다면(에스라 9장 2, 이사야 6장 13절) 그와 같은 이유로 기독교인 유아들도 부모 중에 한 사람만이라도 신자일 때에는 유아 세례를 베푸는 것이 합당하다.191) 그러므로 새 언약 아래에서 성도들의 유아는 은혜 언약의 후사들로서 그 의미가 있는 것이다. 그러할 때 그 후사로서 그 언약의 표징이 유아 세례를 주는 것은 지극히 합당하다.

[2] 유아 세례의 가치성

유아 세례는 성도들의 유아들을 효과적으로 하나님께 인도하는 유익이 있다. 유아 세례를 통하여서 성도들은 유아들에게 입교식을 시행할 나이에 이를 때까지 계속적으로 하나님의 말씀으로 교육할 권리와 의무를 부여 받는다.192) 또한 유아 세례는 그 유아로 하여금 자신이 하나님의 은혜 언약의 후사들임을 자각하고 그들의 장래에 대하여서 하나님의 교회의 일원으로서 신실한 예배와 거룩한 권징에 참여하게 하는 것이다.

그러므로 유아 세례는 교리적으로나 실재적으로 결코 폐할 수 없는 은혜 언약의 표징이다. 그리스도께서 천국이 이러한 자들의 것($τῶν\ γὰρ\ τοιού των ἐστὶν ἡ βασιλεία\ τῶν\ οὐρανῶν$)이라고 하셨을 때에(마태복음 19장 13절-15절) 이미 유아 세례는 하나님 나라에 가입하는 외적 표징으로서 유아들에게 허락된 것이다.

---

191) *Ibid.*, Lib.IV. cap.xvi. ver.6:'eadem etiamnum ratione sancti censentur Christianorum liberi, vel altero duntaxat fideli parente geniti: et apostoli (1 Cor 7, 14) testimonio differunt ab immundo idololatrarum semine.'

192) Thomas Cartwright, p. 224.

맺 는 말

　우리들은 개혁 교회 역사에 있어서 유아 세례에 대한 논쟁을 들어보았다. 그 논쟁들은 많은 쟁점들을 가지고 있을지라도 그 중요한 핵심은 하나님께서 아브라함과 그의 후손들에게 허락하신 은혜 언약이다. 그러므로 세례의 기초는 성 삼위일체 하나님의 영원하신 작정 안에서 예정된 택자들에게 주어지는 하나님의 은혜 언약이다. 그리고 그러한 은혜 언약의 가시적 표징으로서 세례가 주어졌다고 하는 것이다. 세례는 하나님의 백성과 그의 후손들이 함께 누리는 하나님의 나라에 백성으로 가입하는 외적인 표징이다. 그러므로 그것은 유아들의 세례에 까지 포괄하는 것이 당연하다. 우리들은 유아 세례의 논쟁을 통하여서 하나님의 풍요로우신 은혜를 깨달아 알게 된다. 그것은 그리스도께서 이루신 구속 언약의 성취로 인하여서 성도들에게 주어진 은혜 언약의 충만한 혜택이다.

참 고 문 헌

Augustinus, S Aureli. De Trinitate.
Ball, John. A Treatise of the Covenant of Grace. London.1645.
Bavinck, Hermann. Magnalia Dei. Kampen. 1931.
Bavinck, Hermann. Gereformeerde Dogmatiek. III. Kampen. 1931.
Bayne, Paul. An Entire Commenatary upon the Whole Epistole of the Apostle Paul to the Ephesians. London. 1643.
Beeker, Joel. R. & Furguson, Sinclair. B. Reformed Confsessions Harmonized with an Annotated Bibliography of Reformed Doctrinal Works. Baker Book House. 2002.
Beza, Theodore. Propostions and Principles of Divinitie. propounded and disputed in the universitie of Geneva. by Robert Waldegrave. Edinburge. 1591.
Boettner, Loraine. The Reformed Doctrine of Predestination. P&R Pub Company. 1981.
Bouman, H. Gereformeerd Kerkrecht het recht der Kerken in de practijk. tweede deel. Uitgave van J.H. Kok N.V. Te Kampen. 1943.
Burgess, Cornelius. Baptismal Regeneration of Elect Infants. Oxford. 1629.
Calvinus, Ioannus. Institutio Christianae Religionis (1559).

Calvinus, Ioannus. Commentarius in Harmonia Evangelca. Calvinus, Ioannus. Commentarius in Epistolam Pauli ad Ephesios.

Cartwright, Thomas. A Treatise of Christian Religion. or the Whole Bodie and substance of Divinitie. London. 1616.

Cunningham, William. Historical Theology.vol.1. Banner of truth. 1994.

Cunningham, William. The Reformeders & the Theology of the Reformation. Banner of truth. 1967.

Dickson, David. A Short Explanation, of the Epistle of Paul to the Hebrews. Aberdene.1635.

Douglas, J.D. The New International Dictionary of the Christian Church. Regency. 1974.

Gryson, Roger. Biblia Sacra iuxta vulgatam versionem. Deutsche Bibelgesellschaft. 1969.

Heppe, Heinrich. Die Dogmatik der evangelisch reformierten Kirche.Buchhandlung des Erzichungsvereins Neukirchen, Kreis Mores. 1935.

Hodge, Charlse. Systemaitic Theology.vol.iii. Eerdmans. 1995.

Hodge, J. Aspinwall. What is Presbyterian Law as defined by the Church Courts? PB Publication. 1889.

Jeremias, Joacim. Infant Baptism in the first four Centuries. SCM Press Ltd. 1958.

Kelly, J.N.D. Early Christian Doctrines.fifth.edition. Continuum. 2000.

King James Version. The Holy Bible Containing the Old and New Testaments translated out of the original tongues. Zondervan Publishing House. 1962.

Kuyperus, D. Abr. Francisci Junii Opuscula Theologica Selecta. Amsterdam. 1882.

Laing, David. The Works of John Knox. vol. 2.: Confessione of the fayht and doctrine beleved and professed by the Protestantes of the Realme of Scotland exhibited to the estates of the fam in parliament and by thare publict botes authorited as a doctrin grounded upon the infallable wourd of God. Edinburgh. 1561. 112 Bannatyne Club. 1966.

Marcel, Pierre. CH. The Bibleical Doctrine of Infant Baptism. Sacrament of the Covenant of Grace. trans by Philip Edgcumbe Hughes. James Clarke & Co. LTD. 1959.

Marshall, Steven. A Defence of Infant-Baptism: in Ansewr to two Treatises, and an Appendix to them concerning it. Lately published by Mr. Io. Tombes. London. 1646.

Marshall, Steven. A Sermon of the Baptising of Infants. Preached in the Abbey-Church at Westminster at the morning lecture appointed by the Honorable House of Common. London. 1644.

Moude, Lewis Seymour. Digest of the Acts and Deliverances of the General Assembly of the Presbyterian Church in the United States of America.vol.1. PB Publication.1923.

Murray, Beasley. Baptism in the New Testament. London. 1963.

Partrick, Simon. A Discourse Concerning Baptism. London.1667

Polyandrum, Johannem, & Rivetum, Andrem, & Thysium, Antonium. Synopis Purioris Theologiae, Disputationibus qunquaginta duabus comprehensa ac conscripta. Lugduni Batavorum. 1881.

Rahlfs, Alfred. Septuaginta Id est Vetus Testamentum graece iuxta LXX interpretes. Deutsch Bibelgesellschaft Stuttgart. 1935.

Rector, R.J. of Rezant. Infant-Baptism or Infant Sprinkling. Asserted and maintained by the Scriptures, and Authorities of the Primitive Fathers. London.1700.

Rutherford, Samuel. The Covenant of Life Opened: or A Treaties of the

Covenant of Grace. Edinburgh. 1655.

Schaff, Philip. The Creeds of Christendom. vol.2:The Greek and Latin Creeds. Baker Book House. 1983.

Sheppard, Gerald T. The Geneva Bible, the Annotated New Testament 1602 edition. The Pilgrim Press. 1989.

The Committee on Bible Translation. New International Version of the Holy Bible. International Bible Society. 1984.

Twiss, William. The Christian Sabbath Vindicated. London. 1641.

Zanchius, D. Hieron. Commentarius in Epistolam Sancti Pauli ad Ephesios. Amsterdam.1888.

윌리스턴 워커. 기독 교회사. 크리스챤다이제스트. 1995.

김영재. 기독교 교회사. 도서출판 이레서원. 2000.

지은이 소개

저자는 현재 대한 예수교 장로회 (합신) 목사로서 수원 합동 신학 대학원 대학교(M. Div)를 졸업하고 현재 개혁주의 성경 연구소 연구위원으로 활동중이다.

저서로는 <<히브리서 기독론>>, <<미국 장로 교회 몰락의 역사>>, <<역사적 정통 장로 교회 정치 원리>>

역서로는 <<소요리 문답 해설서>>(A Brief and Easy Explanation of the shorter Catechism, by John Wallis)

저자 홈페이지 http:// parkhd923.x-y.net.

기독교 역사에 있어서 유아 세례 논쟁

초판 발행	2006. 4.17		
지은이	배 현 주		
발행처	주교 문화사	**판권**	주교 문화사
등록	제 395-2005-00042 호	**등록일**	2005. 6. 1.
대표 전화	031-969-4105	**주문 전화**	010-5656-4120
ISBN	89-957162-0-7 03230	**값**	5,800 원